爸爸的格局决定孩子的起点

李发强 ◎ 著

文汇出版社

图书在版编目 (CIP) 数据

爸爸的格局决定孩子的起点 / 李发强著. — 上海：
文汇出版社, 2020.7
ISBN 978-7-5496-3208-4

Ⅰ. ①爸… Ⅱ. ①李… Ⅲ. ①儿童教育 - 家庭教育
Ⅳ. ① G782

中国版本图书馆 CIP 数据核字（2020）第 084178 号

爸爸的格局决定孩子的起点

著　　者／李发强
责任编辑／戴　铮
装帧设计／末末美书

出版发行／文汇出版社
　　　　　上海市威海路 755 号
　　　　　（邮政编码：200041）

经　　销／全国新华书店
印　　制／三河市龙林印务有限公司
版　　次／2020 年 7 月第 1 版
印　　次／2020 年 7 月第 1 次印刷
开　　本／880×1230　1/32
字　　数／118 千字
印　　张／7

书　　号／ISBN 978-7-5496-3208-4
定　　价／38.00 元

自 序

这是一本写女儿的书。

它虽然写的是我的女儿,但你也许也能从中看到你的孩子的影子。

有人说,女儿是父母的小棉袄,这个比喻很贴心。但有人将女儿比成爸爸前世的情人,这就太俗气了。"情人"这个词用在女儿身上,就算有一千个理由也是俗气的。用来比喻女儿的词,应该足够干净,足够漂亮。

我女儿四岁半就上了小学,并不是她有什么过人的天赋,而是因为那时我和妻子在偏远的乡下教书,乡下没有幼儿园,又没人帮我们看孩子,只好让她去教室,请老师帮忙照看一下。没想到,读着读着,她竟成了一名正式学生。

在那所乡下小学,我女儿度过了她的小学时代。十岁半,她进了县城的初中;十三岁半,她在市一中读高中;十六岁半,她考上了上海外国语大学,本科毕业后又接着在那里读研究生,学习她最喜欢的翻译。

在周围的熟人眼里,我女儿算得上是一个优秀的孩子,不仅因为她平时的学习成绩不差,更重要的是她给人的印象：阳光纯洁，充满了正能量，用一位朋友的评价说，就是"三观很正"。

我女儿去县城读初中后，为了照顾她的生活和学习，我也想办法调进了县城的学校。而妻子还在原来的地方工作，这样一来，我便和女儿开启了相依为命的生活模式。

除了照顾她的学习和生活，我也开始注重她的健康成长。当时女儿有很多坏毛病：沉溺于看电视、不喜欢做家务、害怕吃苦等等。

我们搬到县城后，为了让她远离电视，我拒绝买电视机，也没有买沙发，客厅里只放了几条硬板凳；她不爱做家务，我便将家务分配好，我做什么，她做什么，不让她讨价还价；她娇气，怕吃苦，我便带着她去徒步，一天走几十公里……

很庆幸，作为一名父亲，我并没有缺席女儿的成长过程。因此，当有朋友问我是怎么教育孩子的时候，我告诉他们一个词：陪伴。

养孩子就像种庄稼，不能种下种子之后什么也不做，就盼着秋天能硕果累累，因为我们还得除草，施肥，甚至防大风、防暴雨、防冰雹、防鸟雀。真正的好农夫，总是跟他的庄稼相依相伴。

本书记录了我陪着女儿成长的点滴，期待你也能从中感受到快乐和幸福。

目 录
Contents

第一章 风过眼

- 不可理喻的爱 / 002
- 跟孩子一起长大 / 005
- 不靠谱的爸爸 / 010
- 一个名字的遭遇 / 013
- 我的名字叫李警察 / 016
- 教女儿撒谎 / 019
- 乌龟和兔子是怎么死的 / 023
- 讲故事的故事 / 027
- 书香女孩 / 030
- 一封信 / 034
- "坏叔叔" / 038

第二章　时光图

◎ 照片墙 / 043
◎ "编外"学生 / 047
◎ 被冷落的奖状 / 050
◎ 做更优秀的自己 / 053
◎ 辅导老师 / 057
◎ 不为失败辩护 / 061
◎ 陪考 / 065
◎ 大学梦 / 068
◎ 相信自己 / 072
◎ 幸运女生 / 076

第三章　很温暖

◎ "你是我的爸爸" / 080
◎ 家里的"监委主任" / 083
◎ 快乐计划 / 087
◎ 少女故事 / 090
◎ 坏消息，好消息 / 093
◎ 女儿打来的电话 / 097

- ◎ 温暖的声音 / 101
- ◎ 一个"阴谋" / 104
- ◎ 她把手机摔了 / 107
- ◎ 诉说与倾听 / 110

第四章 太匆匆

- ◎ 每一天都是剩下的日子 / 115
- ◎ 爸爸这个角色 / 119
- ◎ 压岁钱的命运 / 122
- ◎ 带女儿去网吧 / 125
- ◎ 十二岁的生日礼物 / 128
- ◎ 爸爸的心,海底的针 / 132
- ◎ 礼物背后的秘密 / 135
- ◎ 钢琴故事 / 139

第五章 最女生

- ◎ 迎着阳光生长 / 144
- ◎ 日记里的秘密 / 147
- ◎ 小姑娘,你别抖呀 / 150
- ◎ 丢三落四的代价 / 154

◎ 理解与宽容 / 157

◎ 装淑女 / 160

◎ 别把小女孩当小女孩 / 164

◎ 待客之道 / 167

◎ 文艺少女 / 171

◎ 如此考生 / 174

第六章 看世界

◎ "当官"记 / 179

◎ 跟女儿喝酒 / 182

◎ 徒步行走之一：最美的风景 / 186

◎ 徒步行走之二：两种疼痛 / 190

◎ 求职记 / 194

◎ 遭遇骗子的准大学生 / 197

◎ 上海这座城市 / 201

◎ 她发的微信信息伤害了我 / 205

◎ 她没有回头望 / 209

第一章 风过眼

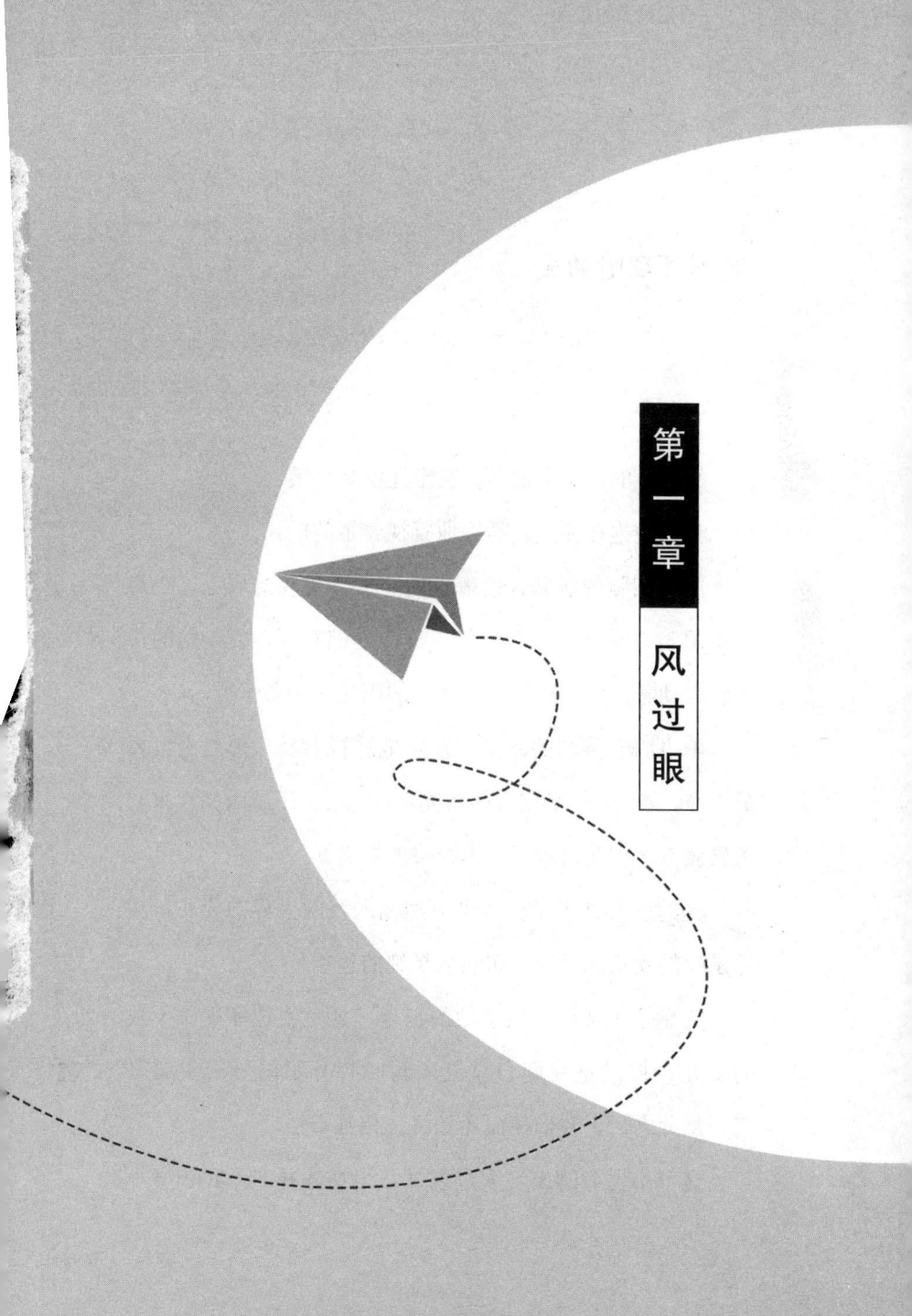

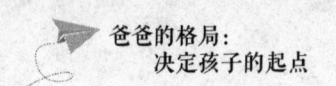

◎ 不可理喻的爱

她小小的,不会说话,甚至还没学会笑。

我把她抱在怀里,静静地凝视着她的脸。

白嫩细腻的肌肤,肉嘟嘟的小脸,稀疏的眉毛,小鼻子小眼睛小嘴唇,新芽一般,每一处都惹人疼爱。她的小嘴唇嚅动着,像一只蜗牛在润湿的阳光里伸着懒腰。

她也睁着圆圆的眼睛,默默地注视着我,那是全世界最干净、最明澈、最空灵的目光。我的心一下子敞亮起来,仿佛倏忽之间便悟到了一本经书的要义。

真的是太神奇了,这个突然闯入我的世界的婴儿,居然是我的女儿。而我,居然就是她的爸爸!

究竟是她选择我做了她的爸爸,还是我选择她做了我的女儿?抑或是我们心有灵犀同时打开了同一扇生命之门,从此之后,我们便命运相济,相互牵挂。

这个小生命的出现太过偶然。当初她并非是我和妻子计划中的孩子，那时候我们太年轻，还不具备养孩子的能力。然而由于一次避孕的失败，我们最终决定要了她，她也因此有机会来这个世界走一遭。

想想，一个生命出现在这个世界上，实在是一件太过偶然的事情。这个概率是多少分之多少？我想，分子应该是无限小，最接近于零；而分母却是无限大，甚至是世界上最大的那个数字。

比如，如果我不跟妻子结合，就不可能有这个小丫头；如果我的父亲没有跟我的母亲结合，便没有我，也不可能有她……如此上溯到我们的第一个祖先，万物的起源，历史的变迁，风云的变幻，这需要多少个偶然，多少个不谋而合，多少个阴差阳错，多少个无巧不成书，多少个众里寻他千百度，才孕育了一个小小的人儿？

从人类的出现、发展来看，一切都是必然，但对于个体生命而言，一切又是多么偶然。这其中的每一个环节都不能错，哪怕只是错一个步骤，一点细节，一次擦肩而过，一个生命将不会出现，就算出现了也将会是另外一个样子。

这个偶然，是那么神奇，那么不可思议，却又超过了世上所有的伟大。

因而，我只能把它解释为：这是神的旨意。

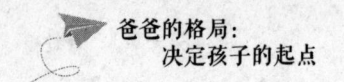

依旧记得,她刚出生时我脑中那种混沌的茫然。她躺在我怀里,我凝视着她,眼前这个小不点儿,她的全身没有一处是我想象过的、是我熟悉的,我们之间是如此陌生,如此遥不可及。

然而,她每一秒钟都在成长,都在融入家庭。她会笑了,会坐了,会爬了,会站了,会走路了,会跑了,会说话了,会调皮了,会自己吃饭了,会识字了……她成了我生活的一部分,也成了我生命的一部分。

有一回,她调皮了,我假装生气地对她说:"再不乖,我就把你送给别人家养!"

她一下子扑进我怀里,十指紧紧抓住我,像溺水者抓住风雨飘摇中破裂的舢板。她大哭着,哭得那么伤心,那么绝望,那么声嘶力竭——仿佛,她已经被我抛弃了;仿佛,她的全世界都黑暗了。

"我不!我不!我不!"她的态度是那么坚决。

我紧紧地拥着她,用我的脸挨紧她的脸。我怎么舍得把她送给别人呢?从她出生那天起,我们的生命就已经绑在一起了。我喜,她乐;她哭,我悲。我将为她付出我的一生而无怨无悔,如果需要,我甚至可以为她随时献出自己的生命。

我爱她,那么永恒,那么义无反顾。我将用尽一切,耗费一生，不，用我的整个生命去爱她也不够，用全世界去爱她也不够。我对她的爱是那么光亮，那么炽热，如同宇宙中最光亮、最炽热的那颗星星。

请原谅我，在女儿面前，我的爱跟所有生灵一样自私，一样狭隘，一样不可理喻。

◎ 跟孩子一起长大

孩子半夜哭了，凝滞的空气突然就蠕动起来。

我躺在孩子旁边被吵醒了，我很困，脑袋里像灌了铅块，像生了一场大病。这不是我第一次经历这样的情景，而是第无数次，我已经记不得有多少个夜晚自己没睡过整觉了。

我有些怒气冲冲，可是我不知道该对谁发泄，因此，我别无他法，只得把自己的怒气硬生生地逼回体内。那时候，要是孩子能够马上止住哭并安静入睡，花多少钱我都愿意，我太想好好睡一觉了。

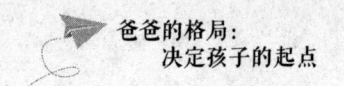

孩子一直在哭。面对这个啼哭不休的婴孩，我一点儿办法也没有。我给她量体温，绞尽脑汁回忆她近几天的表现，以此判断她啼哭的原因。然而，终究一无所获。

我起床抱着她，哄她。

我用怪异的童声跟她说话，虽然她一句也听不懂，但我依旧喋喋不休。我想，那时我的表情一定很夸张，抱着她摇、晃、跳、转、做鬼脸……在孩子面前，我是个天才的演员。

以前我是一个脾气大、易冲动的人，我甚至木讷，不爱交际，不喜欢跟陌生人说话。可是，在孩子一次次的啼哭中，我身上的棱角被一点点磨掉了，变得越来越柔软。

后来，我感慨万千地对那些不想结婚的年轻人说：人这辈子，只有当过父母，那么走心地被一个孩子折磨过，才算是完整的、有意义的人生。

我的身体不错，之前没正儿八经去过医院，医院的大门朝哪边开也不清楚。我不喜欢去医院，可是孩子病了，我不得不去。

我抱着孩子走进门诊室，结结巴巴地向医生陈述孩子的病情。挂号、就诊、交费、药房、放射科、内科、外科、儿科、五官科……纷繁复杂的手续和迷宫一样的医院部门把我弄得焦头烂额，去了几次之后我的脑中依旧混沌一片。庆幸的是，每一次我都没有走错路，都没有找错人。

我终于明白，一个人只要逼急了，没有他不会做的事。

不知不觉中，附近哪一家医院在哪儿，医院的布局、医疗条件、服务态度、儿科名医、医生口碑……我都知道得清清楚楚，说起来如数家珍。我手机上保存着几个儿科医生的电话号码，我还有意识地结交了几个当医生的朋友。

我带孩子出门玩，顺便给孩子买一些生活必需品，像奶粉、衣服之类的。

我陡然发现街上到处都是母婴店、童装店、玩具店、游乐场、儿童游泳馆、儿童摄影店、儿童书店，它们仿佛一夜之间就冒了出来，令我目不暇接。实际上，它们早就存在了，只不过之前我并没有注意过。

而且有一天，我发现客厅里摆放的是玩具车、玩具枪、芭比娃娃、识字卡片、积木……它们甚至步步为营，鸠占鹊巢般侵占了阳台、饭厅、卧室、书房。我已经很久没看电视新闻了，我们家的遥控器永远掌握在孩子手里，电视里播放的永远是少儿节目。

我给孩子讲故事，唱儿歌，教孩子背唐诗。

我以为自己很会讲故事，可是一开口，才发现灰姑娘的水晶鞋是怎么丢掉的都已经忘记了，白雪公主第一次到

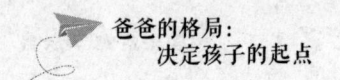

底是被带子勒死的还是被毒苹果毒死的也记不得了，更不清楚那只燕子把快乐王子的眼珠送给了谁。于是，我只好把那些童话故事重读一遍。

我以为自己会的儿歌很多，张口就可以串烧。可是猛地开口，我发现除了《世上只有妈妈好》，其他的不是忘了词就是记不住调。于是，我只好在电脑上、手机上搜索，看着歌词跟着旋律轻轻地学唱。

我以为自己读过很多唐诗宋词，出口便可成章。可是一开口，才发现除了骆宾王那首《咏鹅》、李白那首《静夜思》，我再也记不得别的诗词了。尴尬之余，我只得打开书本，再次温习、默诵。

看着孩子安安静静地听，咿咿呀呀地唱，断断续续地背，我的成就感瞬间爆棚。

送孩子上学，从此之后，我有了另一个身份——家长，并从一个孩子的生活卷入了一群孩子的世界。不久，我说得出孩子同学的名字，我跟他们的父母成了好朋友，我跟老师说话的态度比跟领导说话还谦恭。

某一次，我看见孩子背着小书包走在前面，我心里突然就升起白驹过隙的感慨，又涌起几多期待。在我心里，孩子的学习成绩想当然应该是班级第一，再不济也应该是前三。

待孩子只考了第十名,我也认了,我安慰自己:跟第一名的差距只有一点点呢。要是孩子考了第 20 名、30 名,我心里有点儿担心,可我也会安慰自己:是孩子没发挥好呢,还是粗心了呢?或者:我的孩子很聪明呢,只要努力,考第一完全有可能。

于是,我送孩子去补习班、兴趣班、特长班,去学舞蹈、画画、乐器、游泳……我不想让孩子输在起跑线上,更不甘于孩子一生平凡,虽然我很清楚,在这世上绝大多数人这辈子只能做一个平凡人。

孩子渐渐长大了,回忆起孩子刚出生时的情景,那时我一脸茫然,内心空空,我根本就没有做好当爸爸的准备。其实,那时我也还只是个大孩子,可突然之间,我就变成了一个真正的大人。

在跟孩子一起成长的日子里,我渐渐懂得了责任与义务,渐渐理解了自己的父母。于是,我忍不住给他们打电话,或者抽空去看他们。

我终于成熟了,可是我在慢慢变老。不过我并不害怕,我虽然老了,可我的孩子正在长大、成熟。

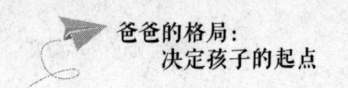

◎ 不靠谱的爸爸

刚当爸爸那几年,我曾做过许多不靠谱的事。

比如关于女儿的第一口奶。女儿出生后,我把她抱在怀里,她哭了一阵,睡着了。一会儿她醒了,又张着小嘴哭。我猜她是饿了,可那时妻子还没有奶水,我们之前也没准备奶粉。

我灵机一动,便用开水兑了点儿白糖,用勺子舀了喂她喝。她紧闭着眼睛,小嘴嚅动着咽了几下,居然不哭了……

后来,我把这件事说给女儿听,她非常鄙视我,说我虐待亲生女儿。我只好恬不知耻地说:"我又当爹又当妈,连你吃的第一口奶都是我喂的……"

看着女儿越长越可爱,我对她的未来便有了一大堆想法,但都美好而不切实际。

那时也不知从哪儿得来的知识,我觉得人不时做些倒立动作能促进血液循环,对健康有好处。于是,我抱女儿的时候就比较随意,有时候故意让她倾斜着身子,腿在高处,头在低处。

妻子见了,严厉警告我。但我屡教不改,一有机会就继续犯错。

女儿快一岁的时候,有一天下午妻子不在家,我便提着女儿的两条腿,把她倒立起来,她头朝地脚朝天,笑得非常开心。可没想到当晚她就拉肚子了,我意识到自己就是罪魁祸首,却不敢向妻子认错。

不过自女儿那次拉肚子之后,我再把她的身子倒立起来,却也没再出过什么状况。到她两三岁时,我曾提着她的两条腿转圈,她除了觉得头晕之外,并没有别的不适反应。

女儿长大了,我跟她说起提着她的腿转圈的事。她依稀记得,却很不屑:"你不过是把我当成了玩具,难道不怕摔死我吗?"

我承认自己当时的确傻得厉害,但我的初衷是想让她锻炼一下,为以后的跳舞转圈打基础。因为我发现在很多舞蹈里,转圈都属于常规动作。

后来,我看见小彩旗在春晚舞台上转了好长时间也没喊头晕,便得意地告诉女儿:"小彩旗小时候,杨丽萍就

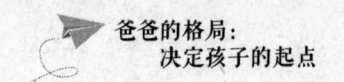

常常提着她的腿转圈。"她对我的话当然嗤之以鼻。不过事隔多年,如今她已经长大,我也提不动她了,这段恩怨她便既往不咎。

还有一回,我提着她小便。我褪下她的裤子,提着她的两腿,可是等了好一会儿也没听到小便的声音。我催她:"快尿尿啊。"她扭过头,两只明亮的眼睛认真地注视着我,不说话。

那时她的表达能力还很有限,说不出些什么来。不过我陡然猜到是怎么回事了,于是让她在地上站好。我的猜测果然不错,她的长裤虽然已经褪到了脚跟,可是短裤还穿得好好的,她当然尿不出来。

女儿三岁多的时候,特别喜欢坐摩托车。为了防止她掉下来,我便让她坐在油箱上,头枕着我的胸口。

有一次,我们从小镇的街道上经过的时候,由于路滑摔倒了。女儿滚到了街道边的排水沟里,我赶紧把她抱起来,她虽然没受伤,可是一身污泥。这件事我现在想起来依旧感到后怕,忍不住责骂自己:我怎么会那么蠢,用这种危险的方式带着女儿骑车呢?

虽说我做了很多对不起女儿的事,但她也曾"报复"过我。比如,小时候她最爱在我脖子上骑马,一骑到我脖子上就兴奋不已,要是我再雀跃几下,她便会在我脖子上咯咯地笑起来，说不出的开心。

有一次正骑着，她突然安静下来，不笑了，手脚也不动了。然后一股"暖流"从我脖子上流下来，湿了我的后背。

我怕惊了她，赶紧站住，静止不动，直到她尿完了才把她抱下来。我的衣服湿了，裤子也湿了。我本想发脾气，可是她用无辜的目光盯着我，仿佛在我脖子上撒尿是一件再正常不过的事情，我只好原谅了她。

还有很多不靠谱的事，再说就要自毁形象了，再说就要影响父女关系了，还是赶紧打住。不过，虽然我曾因为自己的无知和无聊做过很多不靠谱的事，但女儿总算是没有偏离健康成长的轨道，这是值得庆幸的。

◎ 一个名字的遭遇

要当爸爸了，我心里既兴奋又紧张。

我打算给孩子取个漂亮的名字，但是取什么名字好

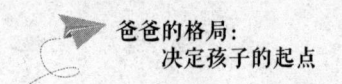

呢？那段时间，我想了很多名字，比如男孩叫什么、女孩叫什么；要是双胞胎，两个男孩叫什么、两个女孩叫什么、一男一女又叫什么……待女儿生出来，我发现之前酝酿出的名字放在她身上都很别扭，只好全部舍弃。

我的老爸老妈也不闲着，想出了好几个名字，拿给我参考。但他们取的名字没啥新意，无非前面是姓，中间是字辈，最后是"花、蓉、凤、美"之类的字。这样名字的人，在我们村里就算闭着眼睛喊一声，答应的立马也会有一大堆，因此尽管他们说了好几个名字，都被我一一否决。

有一天，我给女儿洗澡，见她在水里扑腾似乎特别喜欢玩水，灵感一来，想出了"李鱼儿"三个字。

没想到我一说出来，老妈就坚决反对，理由非常充分：她是你的"儿"，又不是别人的"儿"，怎么可以让人随便叫这个名字，这不是明摆着让别人占便宜吗？就算她小时候可以随便叫，可是长大了呢？老了呢？用作小名还差不多，用作正名绝对不行！

我想了想，忙给老妈解释：

一、"李鱼儿"像一位艺术家的名字，至少像是搞艺术的，比如秀兰·邓波儿什么的，所以取这个名字她以后肯定也会天下闻名；

二、"李鱼"和"鲤鱼"是谐音，鲤鱼能跳出龙门，

她将来肯定也不得了;

三、在家族中,她这一辈的字辈是"裕","鱼"和"裕"是谐音,这个字算是跟字辈有了点儿瓜葛,说明她不忘祖,长大后肯定有孝心;

四、我给孩子洗澡,发现她很喜欢水,而"鱼"跟水有关,取这个名字,她以后说不定就是个世界游泳冠军;

五、她是个女孩子,名字中带一个"儿"字,说明我不仅有女,还有儿,可谓一举两得;

六、"李鱼儿"三个字很顺口,能让人过目不忘、过耳不忘。根据我当老师的经验,一个学生的名字要是好记的话,老师会最先认识并关注他,所以,以后女儿上学了,老师一定会很关心她;

第七、这个名字因为特别,所以跟她重名的一定很少;

第八、这个名字听上去很可爱,所以我预感到以后她会是一个人见人爱的孩子……

我说得云里雾里,还要继续海阔天空下去,老妈的心理防线已经被我彻底攻克了,她喜滋滋地说:"管你呢,随便你吧。"这样一来,"李鱼儿"这个名字算是确定了。

然而,我们去上户口的时候遇到了麻烦。乡派出所管户籍的民警是我家的一个远房亲戚,50多岁了,比我高出两辈,我得叫他一声"爷爷"。对"李鱼儿"这个名字,

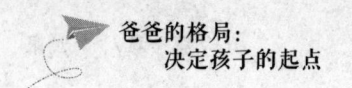

他的态度跟我妈当初的态度一样坚决，说名字太怪，他搞了几十年户籍管理就没听过这么奇葩的名字。

可是他太威严，我不能用对付老妈那种油腔滑调的态度去对付他，只好给他耐心解释。然而，他丝毫不给我解释的机会，手一挥："换个名字再来落户！"

我再三请求，他还是拉着脸，一脸的严肃，一副油盐不进的姿态。我不能跟他讲理，不敢跟他吵闹，又临时想不出其他满意的名字来，只好悻悻地离开了派出所。

直到两年后人口普查，我才搭了顺风车，让普查员把女儿的名字印在户口本上，"李鱼儿"这个名字才算是名正言顺了。

◎ 我的名字叫李警察

女儿还牙牙学语的时候，我就教她识字，认识她的名字。

她很懒，虽然已经会走路了，却时常要我抱，不抱她就不走。于是,我用粉笔在门上写下一个"李"字,抱着她出门的时候,我指着"李"字告诉她:"这就是'李鱼儿'的'李'字。"

我让她跟着我念,她便跟着我念;进门的时候,我又指着"李"字教她读,于是,她又跟着我读。

进进出出多了,她便认识了"李"字。之后我又如法炮制,继续教她认"鱼"字和"儿"字,等她熟练了,我把三个字写在卡片上,随机抽出来叫她认。就这样,她认识了自己的名字,不久之后,她还会写了。

通过这种方式,我陆陆续续教女儿认识了一些简单的字。

女儿上一年级的时候,有一天她哭着回家告诉我,说她不想要自己的名字了,要我重新给她取一个。

我很诧异,问为什么。她说:"我的名字太简单了,同学们都会写,有的同学专门写我的名字。他们在本子上写,还偷老师的粉笔在黑板上写。"

虽然我并不觉别人写她的名字有什么不对,但我知道,她一定认为自己是被人欺负了。于是,我假装严肃地问她:"你想要一个什么样的名字?"

她说:"要一个字难写的,并且同学们都不会写的名字。"

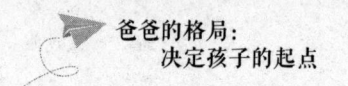

我一听,乐了,便逗她玩,专拣难的字写给她看,问适不适合做她的名字。几番选择之后,她挑选了"警察"二字,因为她有两个舅舅是警察,她觉得警察很威风,并且那时她梦想长大后也当警察。

于是在她的一些作业本上,我看到了"李警察"三个字。我特意逗她,喊她的新名字:"李警察!"她很正经地答应了一声。我又喊她:"李鱼儿!"她神气地纠正说:"我的名字叫李警察!"

几天后,我问她还有没有人写她的新名字,她得意地说:"他们都不会写!"然而没过几天,她就宣布不要这个名字了,说这个名字难写是难写,可是不太好听,况且老师和同学还是叫她"李鱼儿",并没有叫她"李警察"。

我说:"那怎么办呢?"

她说:"我要一个又难写又好听的名字。"

我说:"好吧,我俩再研究一下,争取研究一个全世界最难写又最好听的名字出来。"

那几天我和女儿玩改名字的游戏,最终名字没改成,还是原来那个,但她却有了一个意外的收获。

那时候她小,最不喜欢写笔画多的字,然而在改名字的过程中,她不仅会写"警察"这两个比较难写的字,而且还学会了其他笔画多的字,诸如"橘瓣""蟋蟀""蕴涵"

等,算是无心插柳吧。

到小学四年级,女儿开始学会上网,她申请了一个QQ号,并给自己取了一个可爱的网名:"冰棍童话"。我告诉她,这个网名很好。不过她似乎并不满意,上初中后又改过几次自己的网名,还取了英文名。

上高中时,她把网名改为"李罗敷",之后很长一段时间都用这个名字。罗敷是《陌上桑》里的主人公,不仅人美,而且机智伶俐;而在《孔雀东南飞》里,罗敷更是聪明贤惠的美丽女性的代名词。

我夸她不仅取的名字高端大气上档次,而且有气魄有胆识有勇气,比如我就不敢自命为李潘安、李宋玉……

她被我夸奖了,得意扬扬地说:"你那么丑,当然不敢。"

◎ 教女儿撒谎

女儿四五岁的时候,我曾经教她撒过一次谎。

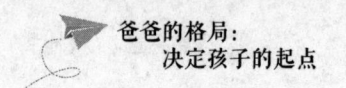

那时我和妻子还在从前那所乡下中学工作,家里装了一部电话,但没有来电显示功能。因为我当班主任,所以常常会接到一些老师打来的电话,说他们有事请我去给他们代课。

起初我也没觉得什么,但代课多了,我心里就不痛快,想拒绝他们却又放不下情面。

那时女儿特别喜欢接电话,虽然她知道所有的电话都不是找她的,可还是忍不住跑过去接,提起听筒喊一声"喂,你找谁",然后冲着我或她妈妈喊:"爸爸,接电话!""妈妈,接电话!"

有一次,我又接到让我代课的电话,我烦了,挂了电话后告诉她:"以后再接到这样的电话,就说我不在。"小妮子很聪明,后来她果然成功帮我挡了几回,受到了我的表扬。

一天下午刚放学,家里的电话响了,女儿又自告奋勇地跑过去接。我想,或许又是某位老师叫我给他代课,心里有点儿烦,便朝女儿努了努嘴。

女儿得到我的暗示,自然心知肚明,因此撒起谎来轻车熟路:"喂,找谁呀?哦,我爸爸不在。妈妈?妈妈也不在。不知道,他们都不在家,不知道什么时候回来……哦,再见。"她挂了电话,朝我们挤眉弄眼,意思当然也很明显：看我这次表现得怎么样？

妻子问她："谁打的？"

"我不知道，他没说是谁。"

"是男的还是女的？"

"是个男的。"

"他说了些什么？"

"他说的我听不懂。"

我心里有点儿忐忑。因为那几天我正参加职称评定，评审材料交上去之后，忽然想起一件事，由于疏忽，有几处我似乎填错了。当时我问校长该怎么办，校长说要是上交的材料不合格，县教育局有可能会通知我去重新填。

我想，莫非是教育局打来的电话，叫我去修改资料？我把情况给妻子一说，她也慌了，埋怨我没接电话。

我心里正在七上八下的时候，电话铃又响了，我赶紧跑去接。然而是教同班级的王老师打来的，他说："李老师，我现在还在县城里，没有车赶不回来了，今天晚自习辅导是我的，你帮我上吧。"

虽然我不愿意，可又怎么好拒绝呢？我挂了电话，闷闷不乐地备着课，在心里却安慰自己：女儿刚才接的电话说不定就是王老师打来的，如果是，那我的职称表格说不定就过关了。

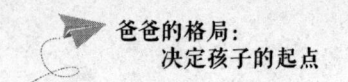

又过了将近半个小时,电话铃声再次响起。我想,我已经答应别人晚上去代课了,不可能再去代另一个班的课吧?要是找妻子帮忙代课的电话,我可以趁机给她回绝掉,于是我提起话筒。

是教育局人事股的工作人员打来的电话,说我的表格填错了几处,今年要求特别严格,只要填错了就过不了关,职称评不上不说,交的几百元评审费也会浪费。他说明天他们就要把材料送到市里去,叫我赶快去县教育局重新填表。他又说,刚才打我家电话是一个小朋友接的,小朋友说我不在,以为联系不上我了,不过事情很急,因此又打一次看看。

我听后,惊出一身冷汗。争取到这个职称名额已经很不容易,要是因为我自己的原因被刷掉的话,实在太可惜了。而且,下一年有没有名额还是未知数。好在我终于接了电话,没酿成大错……

我赶紧打电话找刚才让我代课的王老师,请他去教育局帮我重新填表。

自此之后,我再不敢教女儿撒谎了。

◎ 乌龟和兔子是怎么死的

三四岁的女儿特别喜欢听故事，几乎每天都要缠着我给她讲。

我懒得讲，又躲不掉，于是给她讲《龟兔赛跑》：兔子和乌龟举行赛跑，乌龟拼命地爬，兔子认为比赛太轻松了，就在路边睡了一觉。但是当兔子醒来的时候，乌龟已经爬到了终点。原故事太简短，因此在讲的时候，我有意添了些枝叶，加了些细节。

下一次女儿再叫我讲故事给她听，我便又把《龟兔赛跑》的故事讲给她听，她还没听完就烦了，嘟着嘴巴生气。我只好变了花样重新讲，说："这次我们还是讲《龟兔赛跑》的故事，但这是它们第二次赛跑。如果它们再比一次，你说结果会怎么样？"

"兔子不睡觉了，它跑得比乌龟快，就赢了乌龟。"女儿来兴趣了。

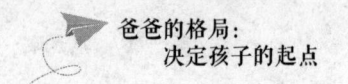

我说:"那我就给你讲它们第二次赛跑的故事吧。"

我开始讲。龟兔进行第二次赛跑,乌龟爬得慢,兔子跑得快。兔子在路上看见一只漂亮的蝴蝶,就去捉。蝴蝶四处乱飞,兔子紧跟在它后面猛追。蝴蝶飞过一座山,不见了。兔子没追到蝴蝶,然后想起赛跑的事,赶紧跑回去,可是等它跑回赛场,发现乌龟早已站在终点。这一次,乌龟又赢了。

后来,我给女儿讲龟兔第三次赛跑。

"你说,这一次谁会赢呢?"我问她。

"这一回当然是兔子赢了,它记住了教训,不睡觉,不追蝴蝶。"

"好啊,现在,龟兔第三次赛跑正式开始。"

我又开始讲了。这一次,兔子跑在前面,突然遇到了一只大灰狼。狼看见兔子,朝它扑了过去。兔子急中生智,可怜兮兮地对狼说:"我被我的族群赶了出来,现在你又要吃掉我,我的命怎么那么苦啊!"狼说:"只怪你倒霉!"

兔子说:"我憎恨我的族群,我想带你去找它们,那里有几百只兔子,你愿意去吗?"狼听了兔子的话,就让兔子给它带路。兔子把狼带到老虎的巢穴,狼被老虎吃了,而兔子躲在旁边的一个小洞穴里,等老虎吃完狼睡着了,它才逃了出来。

这时候,兔子想起赛跑的事,赶忙跑去赛场,发现乌龟早就跑到终点了。这一次,还是乌龟赢了。

女儿说:"这次兔子虽然没有赢,但总算没被大灰狼吃掉,它是一只聪明的兔子。"

后来,我又安排龟兔进行第四次赛跑。

比赛的裁判是老黄牛,它刚举起发令枪,兔子便抢先跑出去,很快就冲到了终点。它回头一看,乌龟才出发呢,爬得跟蜗牛一样慢,就忍不住嘲笑起来。

可是等乌龟爬到终点,老黄牛裁定:这一次依旧是乌龟胜。兔子不服气,问:"这一次怎么还是乌龟赢?"老黄牛说:"虽然你最先跑到终点,可是发令枪还没响你就跑了,违反了比赛规则,你的成绩必须取消。"所以,这一次还是乌龟赢。

后来,我给女儿讲龟兔第五次赛跑的故事。

"你觉得这次谁会赢呢?"我故意问她。

"兔子一定又会出什么状况,赢的还是乌龟。"她说。

我朝她做了个鬼脸,说:"这次我打算让兔子赢,因为这回轮到乌龟骄傲自满了,而兔子吸取了之前的教训不再犯错误,顺利跑到终点拿了第一。"

我又开始讲。这一次,兔子写了"不要睡觉"四个字贴在胸前,时时警示自己。而乌龟跑了一会儿,没看见兔

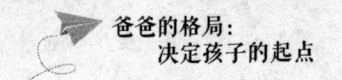

子，以为兔子在路边的草丛里睡着了，就一路走马观花，优哉游哉。它本来就跑得很慢，现在又那么轻敌，所以这一回输得特别惨。

我问女儿："如果乌龟和兔子举行第六次赛跑，你说结果会怎么样呢？"

这回她学精了："要么是乌龟赢，要么是兔子赢。"

我说："你那么肯定吗？想想，还可能出现什么样的结果？"

她想了想，不肯定地说："并列第一？"

我对她的想法表示赞赏，我们开始讨论是什么样的情况让乌龟和兔子并列第一。于是，又一个精彩的故事诞生了。

关于《龟兔赛跑》的故事，我大约讲了五十多个版本。其中有一些有意思的情节，比如，它们会开着汽车或坦克去比赛，兔子的三瓣嘴是吃垃圾食品吃坏的，兔子的眼睛是熬夜熬红的，兔子因为不讲卫生，把身上的白毛弄脏了变成小灰兔……在故事中，我们甚至安排了一场盛大的动物王国田径运动会，把猎豹、鸵鸟、跳羚等动物安排出场，让它们一决高下。

女儿还缠着我讲《龟兔赛跑》的故事，可是我已经讲得恶心想吐了，因此最后一次我是这样讲的：

"乌龟和兔子又举行了一次赛跑。它们比了若干次,早已筋疲力尽,这一回,它们决定必须分出个输赢来,因此决定进行一次马拉松比赛。乌龟和兔子都竭尽全力,可是离终点还很远。后来,它们都累死在了路上,所以就不用再比赛了。"

◎ 讲故事的故事

那时,我们住在一间用教室改装的宿舍里,没有单独的书房,电脑就放在卧室的角落里。

一天晚上,我坐在电脑前构思一篇文章。

"爸爸,讲故事给我听!"女儿抱着我的手,摇我。

女儿听故事的兴趣始终不减,我几乎把脑子里装的故事都掏出来了,她还是听不够。没办法,我只好找来各种童话书,努力复习以应对她的纠缠。

有些故事只好翻来覆去地讲,比如《白雪公主》,我给她讲了不止十遍。有时候我有事忙,她也缠着要听,我

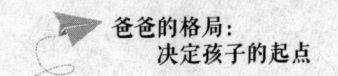

就给她讲"从前有座山，山上有座庙……"，她知道我不给她讲了，就在一旁生气。

那天晚上，妻子有晚自习辅导课，要九点多才回家。女儿听故事的瘾上来了，缠着我给她讲。我给她讲了两个，讲完后打算写一篇文章，便打开卧室里的电脑。

女儿见状，又缠着我讲。我要写稿子，便骗她说爸爸正在写故事，写完了明天再讲给她听，叫她先睡。她不睡，在床上跳来跳去，说等爸爸写完了就讲给她听。

妻子回家了，女儿见我迟迟没写完，马上跳下床缠着妈妈讲故事。妻子要忙着收拾屋子，没时间跟女儿纠缠，何况她原本就不擅长讲故事，便没理女儿。

妻子忙完已经十点多了。女儿虽然已经回到了床上，可就是不肯睡，她盘着小腿坐在床上，睁着小眼睛，一会儿看看我，一会儿看看妈妈。

"妈妈，你给我讲故事嘛！"她说。

"今天很晚了，我们先睡吧。"妻子对她说，准备睡觉了。

她们躺上了床，我依旧在电脑前忙着。

"妈妈，给我讲个故事嘛。"女儿还是不肯睡。

"妈妈累了，明天再讲吧。"妻子说。

"不，我现在就要听。"女儿不依。

"可是妈妈不会讲故事。"妻子说。

"不,你是大人,大人都会讲故事!"女儿说。

"那我给你讲《龟兔赛跑》吧。"妻子没办法,只好就范。

妻子知道我给女儿讲过很多版本《龟兔赛跑》的故事,故事里的角色都乱了套,穿插了孙悟空、白雪公主、青蛙王子……想到什么就说什么。以前妻子在一边听,多少也学到了一些瞎编乱造的技巧。现在女儿逼她,她只好勉为其难。

"这一天,乌龟和兔子举行了一次赛跑。兔子跑得很快,乌龟跑得很慢,但是兔子也不等乌龟,自己就往前冲。乌龟喊:'兔子姐姐,你等等我啊!'可是兔子早跑到前面去了,已经听不见乌龟的声音了。"

"那兔子在路上睡觉了吗?"女儿问。

"睡啊,怎么不睡?你想啊,兔子前一天晚上缠着爸爸妈妈给她讲故事,没睡好,白天她能不困吗?"

"那乌龟赢了吗?"

"比赛还在继续呢。兔子跑啊,跑啊,太困了,就倒在路边的草丛里睡了起来。"

"后来呢?"

"后来啊,兔子还在睡啊。"

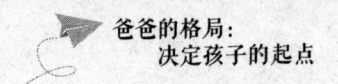

"再后来呢?"

"兔子一直在睡,呼噜……呼噜……她太困了,要睡到明天早上才会起来。"

"那明天早上呢?兔子是不是赢了?"

"小声点儿,兔子要睡觉,乌龟也要睡觉了,你别吵着它们睡……呼噜……呼噜……"

声音渐渐弱下去,弱下去。一会儿,传来妻子和女儿细微而均匀的呼吸声。

◎ 书香女孩

让孩子喜欢上阅读,最好的办法就是作为爸爸妈妈的我们也喜欢阅读。

我自然喜欢阅读,从少年时代起,阅读就一直是我生活的重要组成部分。

闲暇时,我坐在椅子上翻开一本喜欢的书,很快便会进入阅读状态。时间在阅读的过程中跑得飞快,却又沉淀下来,像阳光在书页上勾画的痕迹。

女儿喜欢上阅读,大约是两三岁的时候。

那时,她还识不了几个字,可是我读书的时候,她也会在旁边陪着我,有模有样地跟我一起翻书。我们一起坐在阳光里,坐在灯光下,感受着书香和文字的美丽。那时在她看来,跟我一起读书就是在跟我玩一个有趣的游戏。

阅读习惯不是基因,当然不可能会遗传,可是,孩子的阅读兴趣却会受到大人的影响。一个孩子喜欢阅读,极有可能是受到了家人、老师、同学、朋友的阅读状态的影响。

很显然,女儿之所以喜欢阅读,是因为我也喜欢。

因为喜欢阅读,女儿渐渐有了一些属于她自己的书。最初,是那种"撕不烂"的书,然后就是各种有漂亮图画的绘本,再后来便是她自己买的各种书。

女儿的那些书,从封面到内页都很漂亮。在女儿的眼里,一本书不仅仅是一本书,它还是一个漂亮的玩具,一件精美的艺术品。书,是可以放在女儿枕边,变成一个个美梦的精灵。

女儿最初喜欢上阅读,还是我们一家在乡下的时候。乡下没有图书馆,没有阅览室,也没有书店,我们要买书得去城里。因此,那时候我们每一次去县城、市里、去

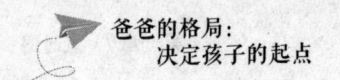

昆明，必定会进书店去看看。

我带着女儿，在一排排墨香扑鼻的书前浏览，我给她介绍那些她感兴趣的书，告诉她书的内容。要是她喜欢，我从来不会吝惜钱。渐渐地，她有了很多书，而且从一本书里知道了另一本书，她也会自己选书了。

每一次我们从书店出来，女儿都会买一大摞书，她的脸上总是写满幸福。在我看来，那些书比漂亮的裙子、可爱的玩具更能让她的内心得到满足。

那时候，买书不像现在可以轻松网购，因此，除了在城里的书店买书，我和女儿还会在镇上的邮电所订阅。

报纸杂志虽然不同于经典名著，可是它们与时俱进，紧贴生活，更能给孩子带来亲切感。经常读报纸杂志，女儿的思想和视线就跟上了时代的脉搏。

那些年，只要邮递员敲开我们家的门，女儿就会兴奋地跑过去，看自己订阅的《儿童文学》《少年文艺》和《少年博览》等刊物有没有来。因为爱阅读，女儿小小年纪就学会了很多课本里没有的字和词，她写的作文虽然稚嫩，可是语言顺畅，字里行间跳跃着她小小的想法。

小学中年级后，女儿真正爱上了阅读。在旅途中，她要带上一本书；在睡觉前，她要读会儿书；在紧张的学习和考试的间隙里，她也要读会儿书。阅读，成了她生活的一部分；阅读，让她变得安静，变得睿智，变得有内涵。

读书的时候，女儿安静得就像一只停在花叶上的蝴蝶。

有时，女儿的阅读显得饥不择食，偶尔逮住我案头的一本"大部头"，她也会读得津津有味。《洛丽塔》《百年孤独》《平凡的世界》……女儿读过无数本厚书，虽然读过的书很多她已经忘记了，可是在阅读的过程中，她开阔了视野，增长了见识，感受到了别样的乐趣。

在阅读的过程中，她也变成了一个书香四溢的女孩。

女儿高中毕业的时候，我去学校接她。熙熙攘攘的校园里，流动着孩子们告别高中时代的喧嚣与孤独的情绪。

宿舍里，有的孩子把自己的旧书卖掉，有的送了人，有的干脆直接扔了，地上一片狼藉。

女儿的行李太多，有的东西要送人，而有的东西只得扔掉。女儿扔了很多东西，可是她舍不得扔掉书。

女儿宿舍里床头上的那一摞摞书，既有高中三年学校发的课本和各种辅导书，也有她自己在书店里买的各种课外读物。她把书装在纸箱里，再用胶带缠起来，缠得紧紧的，仿佛那是一笔价值不菲的财产。

一个人，只有爱上阅读，才会惜书如金。而一个喜欢阅读的人，其人生也必定会丰富。

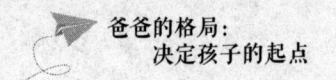

◎ 一封信

那时，女儿最喜欢看中央电视台的少儿节目《智慧树》。

有很多小朋友会给主持人写信，表达自己的一些愿望。而主持人会选择一些有代表性的信在节目里宣读，并且满足小朋友们的愿望。

女儿很喜欢那些主持人，很喜欢看他们主持的节目，也想给他们写信。

于是，她便给他们写信。信写完，她把它放在自己的小书桌里，也许是不知道具体地址，也许是不好意思，她并没有把那封信寄出去。渐渐地，她就忘记了这件事。

有一天，我在给女儿整理书桌时看到了那封信。我瞟了一眼，把它夹在一本书中放到书架上。我想，这封信对她来说虽然无足轻重，可是，它毕竟是她生命中留下的一个片断，一份记忆。因此，我要帮她收藏起来。

时光荏苒，女儿虽然还爱看少儿频道，但渐渐从小学毕业、进初中、上高中了。当年那几个主持人虽然还在主持节目，依旧招孩子们喜欢，但时光已悄悄在他们脸上留下了印迹。

女儿在市里读高中的第一年，央视少儿频道来我们县做节目。那时我在县教育局工作，负责文秘和新闻，因此领导安排我负责央视节目组的后勤保障工作。

我打电话给女儿，说红果果、绿泡泡和她喜欢的小鹿姐姐等很多主持人在这个周末要来我们县做节目，如果她回家，我可以带她见他们，还可以跟他们交流，合个影，圆她儿时的梦。

听到这个消息，女儿非常高兴，可随即就是一声叹息。她说，周末要补课，回不了家。

我想起女儿曾经写的那封信，便翻箱倒柜找起来。时隔七八年，我们也搬了两次家，可我还是找到了那封信。信是用作业本写的，字歪歪扭扭，但一笔一画显得很认真：

红果果、绿泡泡和咕咚：

你们好。

我是一个农村的小女孩，读三年级，很喜欢你们的节目，特别是"巧巧手"。我很喜欢做手工，可是买不到做

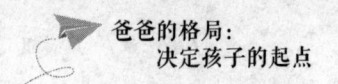

手工的材料，所以就不做了。

我给你们说句悄悄话，红果果，你能把小芳老师教你们做的那个老鼠面具送给我吗？我的生日快到了，我最大的愿望就是你们能送我一件礼物，我要祝你们的节目越办越红火。

李鱼儿

2005年12月1日

女儿写这封信的时候才六岁多，现在信纸已经泛黄。读罢信的内容，那个单纯得像野棉花一样的小女孩又浮现在我面前，如今，她已经长成婷婷少女，正被繁重的学业负担所累。我的心里，陡然涌起白驹过隙之感。

那天从节目录制现场回来，吃饭的时候，几名主持人恰好凑在一桌，我便拿出那封信递过去，告诉他们，这封信经过近八年之后终于寄到了收信人手中，我请他们在信上签名。

他们都很惊讶，接过那页薄薄的纸张，唰唰唰地留下他们的签名。我站在他们旁边，看着笔尖在纸页上飞快地滑动，感觉自己就像一个六七岁的小女孩。

下一个周末，女儿回家了。晚饭后，她开始做作业。

我说:"我请央视少儿频道的主持人给你签名了。"

"拿来。"她的左手伸过来,眼睛盯着课本,右手握着笔依旧在作业本上写着。

我翻出那封信递给她。她接过信纸,看过后一脸愕然:"这是谁写的信?"

我说:"你写的呀,你看,下面有你的署名。"

她看了一下那个歪歪扭扭的署名,问我:"这真是我写的吗?为什么我一点儿印象也没有了?"

我说:"是你写的,但没有寄出去,我就给你收起来放着,没想到居然派上用场了。你看,这些主持人的签名太潦草了,我都认不出是什么字,不过,我记得他们签名的顺序,因此知道哪些名字是谁的,这是红果果,这是绿泡泡,这是小鹿姐姐……"

我指着信纸上的签名,一个一个给她介绍。

她站起来,放下手中的笔,轻轻地抱了抱我:"谢谢您……"

她的声音有些呜咽。

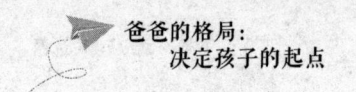

◎ "坏叔叔"

女儿上高二时放寒假,我去市一中接她。

她有丢三落四的坏毛病,常常会忘记带一些必要的东西,老是改不掉。因此妻子嘱咐我,要我监督她把该带的物品都带上。

那天下午女儿虽然没课,但根据安排,她要等到晚上开完班会才可以离校。下午两点左右,我到了学校,在校门口打电话给她。她叫我在校门口等她,说马上就出来。

不一会儿,女儿背着书包蹦蹦跳跳地出来了,钩住我的手臂,劈头问我:"爸爸,我们去哪儿玩呀?"

去哪儿玩?我的任务不是去检查她的东西是否收好了吗?我敏感地意识到,她似乎并不希望我去她的宿舍,也许,她是不愿意她的同学看见我。

我想起了期中考试前发生的那件事。

那天,我和妻子去学校看女儿。一个月没见她,虽然期间也常常打电话，可是在电话里听见声音远远没有见面那么真实。

她拽着我们，喋喋不休地说着话，跟我们分享一些鸡毛蒜皮的杂事，仿佛她要把这一个月经历的点点滴滴都晾晒出来给我们看。

校门口，不时有穿着校服的孩子从我们旁边走过，有几个女孩是女儿的同学，女儿便满脸幸福地给她们介绍："这是我爸爸妈妈。"那些孩子很礼貌，都上前跟我们打招呼。

之后有一天，女儿回家，我跟她贫嘴。以前无事的时候，我爱逗女儿，以此取乐。我恬不知耻地说："鱼，你的同学是不是都觉得我很帅？"

她的情绪突然低落下来，说："她们说你是一个坏叔叔！"

我觉得很奇怪，问："难道我看起来很坏吗？"她说："她们说那天在学校门口，看见你穿了双女生的袜子！"

我恍然大悟。原来那天出门走得急，我随手抓了双袜子穿上，没想到竟穿了妻子的袜子，等到发现时我们已经在路上了。当时我想着袜子有鞋子裹着，有裤管罩着，不容易被人看见，便没回家换，想不到竟不小心被女儿的同学窥见了。

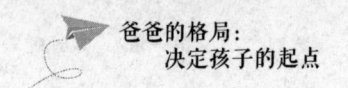

我有点儿不好意思。其实,我在女儿同学面前还是比较注意形象的,可偏偏那天穿错了袜子,给女儿同学留下了糟糕的印象。谁不想有个温文尔雅的爸爸?女儿虽然不好抱怨我,可心里一定不痛快。

我想,这事慢慢也就过去了,没想到还是留下了后遗症。

现在,我看看自己今天的打扮没有问题,衣服是干净的,头发是洗过的,胡子也是刮过的,脚上穿的是自己的袜子。可是,女儿为什么看上去依旧不是那么欢迎我去她的宿舍呢?

我想了想,决定暂时不进学校了,问她:"你的东西都收好了吗?"

她说:"都收好了,保证一样不落。"

既然这样,我们就出去玩吧。于是我们去了书店,各自选了几本自己喜欢的书,去公园转了一圈,然后在街上的餐馆吃过晚餐,便已是下午五点半了。

回学校的路上,女儿始终和我挽着手,看得出来她的心情很不错。我送她到学校门口,她放开我的手,回头朝我挥手:"爸爸,再见,你去找你的朋友玩吧,开完班会你就来接我。"

看着她远去的背影,我竟有点儿失落。原本,我还想跟她去宿舍看看她的行李是否已经收好，没想到她来了一句"再见"，竟让我不便跟她进去了。看来，她心里的阴影依旧没有散。

女儿开完班会，天已经黑了，我去宿舍帮她拿行李。这一次，她没再拒绝，因为行李太多，还有一个大皮箱要带走，她一个人根本拿不动。

我跟着她进了宿舍，走道上的灯光暗淡。女儿推开宿舍门，我站在门外，她示意我进去。里面没有灯光，女儿告诉我，还没到开灯的时间。

我们摸索着拿好行李，我帮女儿提箱子，然后一前一后匆匆离开了宿舍。一路上，女儿都没碰到同班同学。终于到了学校门口，坐上车，我如释重负般深深吸了一口气。

第二章 时光图

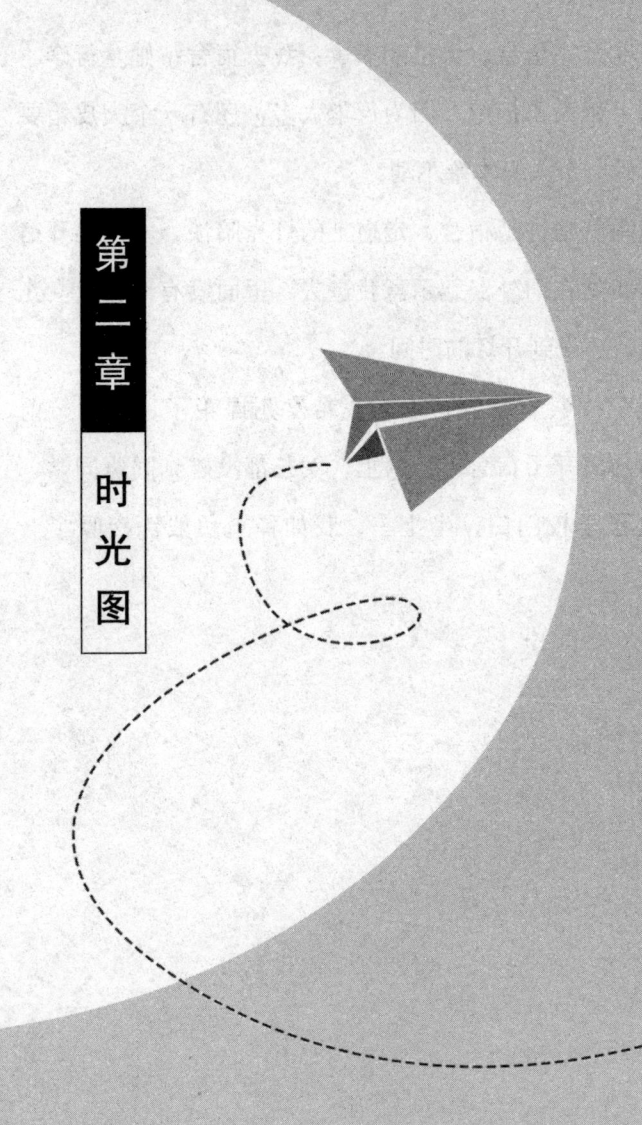

◎ 照片墙

女儿出生后的第一个月,我们为她留下了第一张照片;第三个月,为她拍了第二张照片;半岁,为她照了第三张照片……

那时我们在乡下生活,买不起照相机,拍照需请小镇上唯一的照相师。到女儿两三岁的时候,我买了一台傻瓜相机,但效果不是太好,而且胶卷很贵,因此给她留下的照片不是很多。她六七岁的时候,我终于买了一台数码照相机,从此,我经常给她拍照,留下了她成长过程中的很多瞬间。

那时女儿似乎很喜欢拍照,只要我举起相机,她便会配合着微笑,做各种表情和动作。我把拍好的胶卷送到县照相馆冲印出来,放在女儿的专属影集里。每次翻开,心里都有说不出的甜蜜。

时间无声无息以惊人的速度往前跑,女儿渐渐长大

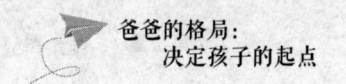

了，读小学、读初中、读高中，进了大学。她离家的日子也越来越长，最初是几个小时，然后是几天，十多天，个把月，然后是几个月。她离开了家，我们只能通过通信工具进行交流。

我把她的照片拣了一些出来，装在相框里，做成一面漂亮的照片墙。她成长的点点滴滴被浓缩在几尺见方的墙面上，站在那面照片墙前面，我久久地凝视，常常会陷入深深的回忆，仿佛我再一次见证了女儿的成长。

一个月，女儿躺在被褥里，露出圆圆的小脸，模样像刚出土的芽儿；

三个月，她坐在椅子上，胖嘟嘟的手，胖嘟嘟的脸，仿佛蜂巢里胖胖的蜂蛹；

六个月，她刚长牙的嘴笑得合不拢，如盛开的花朵；

九个月，她坐在学步车里练习行走，如同雏鹰在练习飞翔；

十个月，她蹒跚学步，侧面伸出一只大手护着她，那是她母亲的手；

一岁，她抱着一个大苹果，那苹果似乎比她的脸还大；

两岁，她站在房顶上，斜着身子像个外星人，对我们生活的地球不屑一顾；

三岁，她穿着红裙子，戴着小墨镜，对着镜头装酷；

四岁,她穿着虎皮裙,背上背着小书包,回头朝我张望,小脸上带着甜甜的笑;

五岁,在云南民族村,她穿着小摆裙,跟一群陌生人围着熊熊的篝火跳舞,样子好看极了;

六岁,她站在野外的阳光下,手中举着小伞,似乎要把所有的阳光都阻挡在伞的外面;

七岁,她戴着红领巾,站在"六一"儿童节的主席台上主持节目,像个小大人;

八岁,她靠在自己的小单车上,摆造型让我给她拍照,假装成熟;

九岁,她坐在餐厅的大桌子前,第一次吃过桥米线,吃相夸张;

十岁,她在教室里跟老师学习跳舞,有模有样;

十一岁,她用手机玩自拍,做各种鬼脸,看上去特别调皮;

十二岁,她站在中学的国旗下演讲,虽然已是初中生,样子却像小学生;

十三岁,她坐在餐桌边一边吃饭一边看书,神情专注,只是有点儿疲倦;

十四岁,我去车站送她上学,她坐在班车上朝我挥手,她的脸躲在玻璃后面,只现出模糊的轮廓;

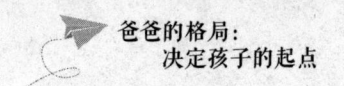

十五岁,她在炽烈的阳光下行走,青山在左,河流在右,那是我跟她的第一次长途徒步;

十六岁,她站在高中的校园门口,表情忧郁,和自己三年的青春说再见……

照片里的孩子似乎正在动着,在时光隧道里向我走来,从一岁走到十六岁,从一个婴儿走成了婷婷少女。

所有的画面都那么熟悉。那些照片大多是我拍的,照片上没有我,女儿是唯一的主角。但我一直都在,我站在镜头的后面。

做照片墙的时候,女儿读高三。

那时候妻子还在乡下那所中学教书,女儿在市里读书,而我独居县城,我们一家三口生活在三个不同的点。

有时我下班回家,家里空荡荡的,心里的寂寞与思念便无声地蔓延。我站在照片墙前,静静地凝视女儿的脸,忍不住泪眼迷离。

我是多么想她。

◎ "编外"学生

女儿九岁之前，我们家一直住在龙海小学的校园里。

那是一个四合院，中间是操场，四周是建筑。靠南那一长排两层的旧式平房原是教学楼，后来学校把一楼的教室改作教师宿舍，二楼依旧是教室。我们家借住在一楼，楼上便是学前班的教室。

几乎每个孩子在上学前都会有一个漂亮的小书包，那是他们的玩具。

女儿也有，她有好多各种各样的小书包，她成天背着小书包在学校的各间教室门口晃。楼上书声琅琅，歌声嘹亮，有时候，她也会背着小书包跑到学前班的教室门口朝里面张望。

那时我跟妻子都在中学上课，小镇上没有幼儿园，女儿三岁了也没机会上幼儿园，她要么在家门口的校园里玩，要么去我们上课的中学校园玩。她四岁时，因为多了

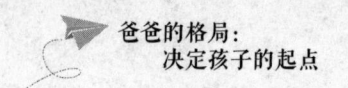

两个老师，小学便办了一个学前班。我们想偷点儿懒，就把女儿送到学前班读书。

说是读书，其实是请老师帮忙看孩子。

老师虽然答应了，不过女儿不能算正式生，因为那是春季学期，学校规定孩子要到五岁半才能进学前班。于是，女儿便成了一名非正式学前班学生。

可以当学生了，女儿异常兴奋。她把自己的书、铅笔、橡皮擦什么的装进小书包，小书包被她塞得满满的。我检查了一下，书包里面竟然有一本厚厚的《红楼梦》，扉页上赫然写着她的名字。

我有点儿哭笑不得，她显然不知道《红楼梦》是什么书，她只是以为，既然是读书，书包里就应该装着书。

女儿上学了，虽然觉得在学校读书好玩，可是她坐不住，上课时常常在教室里跑来跑去，有时还会跑回家拿个玩具什么的。不过因为她是"编外"学生，又比别的孩子都小，因此老师也便由着她，任她在教室里乱晃。实在不像话了，才招呼一下。

然而上了几天学，女儿竟也懂了一些学校的规矩，虽然上课时她依旧坐不住，可是渐渐就不会像之前一样随便跑出教室了。

学前班上的基本都是文化课，跟小学的区别就是上午和下午各少一节课，而且不用考试。女儿丝毫没有感受到读书的压力，反倒觉得在学校的时间少了，跟同学们玩的时间不多，不过瘾。

由于女儿从前识过一些字，看过一些简单的书，而她的同学之前几乎没接受过文化教育，因此她虽然小，但老师教的知识她基本都知道。她的表现欲很强，老师便常常安排她带读，当"小老师"，她上学的兴趣愈加浓厚了。

半年后，女儿四岁半了。原本打算让她继续读学前班，可是出了点状况：学校不办学前班了。这样一来，女儿面临两个选择，一是在家玩一年，次年上小学；一是马上进入小学读一年级。

其实，孩子还小，就算在家玩一年，读一年级的时候才五岁多，也还不到法定入学年龄，因此延缓入学更符合孩子的成长规律。可我们也有难处：我们的工作都很忙，不能时时看着她。而且她已经习惯在学校里读书了，她有了自己的朋友，如果不让她上学，她肯定会不开心。

思前想后，我们决定让她读一年级。反正教室就在家门口，不需要接送她，我们也不当她是真上学，只当她是在学校里跟小朋友玩。

女儿太小，学校不愿接收。我们去找老师，软磨硬磨，老师却不过情面终于同意了。但老师担心她太小，学不好

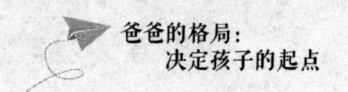

考不好会影响整个班级的平均成绩，于是提出条件，跟在学前班的时候一样，她只跟班走，不算班上的正式学生。

这个只读过半年学前班、只有四岁多的小女孩，就这样成了一年级最小的学生。班上偶尔有小考，她的考试分数竟然还不错。因此到学期末，她自然成了正式学生。

◎ 被冷落的奖状

女儿从小学到中学也得过不少奖状，但从来不贴在墙上。

女儿读小学一年级时，期中考试考了高分，得到一张奖状；被评为三好学生，再得一张奖状。从台上领奖下来，她兴奋不已，举着奖状就往家里跑。她闯进门来，把奖状塞在我手里，大声嚷："爸爸，我的奖状！"

那时我刚拿起一本书准备读，就接过奖状随手放在书桌上，接着看书。女儿遭此冷遇，闷闷不乐。

我知道她心里不舒服，便给她讲了一个故事：居里夫人是伟大的科学家,她一生获得各种奖金十多次,各种奖章十多枚,各种名誉头衔一百多个。有一天,一位朋友去她家做客,忽然看见她的小女儿正在玩英国皇家学会刚刚颁发给她的那枚金质奖章,于是惊讶地说:"居里夫人,得到一枚英国皇家学会的奖章是多么高的荣誉,怎么能给孩子玩呢?"居里夫人笑了笑说:"我是想让孩子从小就要懂得荣誉就像玩具,只能玩玩而已,绝不能看得太重,否则将一事无成。"

女儿还小,不完全懂我的意思,但她也明白了一点,那就是她的奖状肯定比不上居里夫人女儿手里那枚金质奖章,因更没什么值得炫耀的。

我担心我的态度会打击她的进取心,于是告诉她:"你取得的成绩就是没有奖状做证,我一样看得到,你是我的女儿,这世上最了解你的人就是我啊!"

她知道了我的态度,心态也平和了许多。下一次得到奖状的时候,她把奖状拿回家,语气便平和多了:"爸爸,这是我的奖状。"我接过奖状,看看,然后收了起来。

女儿在学校获得了很多奖状,有的带回了家里,有的就放在教室里,然后逐渐不知所终。

我跟她的老师走得比较近,她也常常把同学带到家里玩。我跟那些孩子就像朋友一样,他们班级里发生的大大

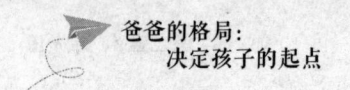

小小的事情，女儿会告诉我，她的同学也会告诉我。因此，女儿的每一分收获我都了如指掌。

进入初中之后，女儿也一如既往地热爱学习，虽然常常为追求荣誉付出了很多艰辛的努力，可是她对那一纸奖状并不看重。

女儿读八年级的时候，参加了省里举办的才艺比赛。她回来之后，我问她比赛的情况和结果。她轻描淡写地告诉我，她得了个奖，至于是几等记不得了。

我很欣赏她的态度，既然已经过去了，就没必要再把它放在心上。

我对她获不获奖也不是十分感兴趣，只要她参加，达到锻炼的目的就够了，因此我跟她聊得最多的是她参加比赛的过程和她内心的感受。显然，通过比赛，她增长了见识，得到了锻炼，这才是对她最大的奖励。

有一天，我突然想起她参加才艺比赛的事来，就问她："你既然获奖了，有没有奖状什么的呢？"

她说："有一本获奖证书。"

我说："证书呢，我怎么没看见？"

她说："在教室里呢，我把它当坐垫啦。"

坐垫？我有些愕然，获奖证书能当什么坐垫呢？

她给我解释："那本荣誉证书的封面很柔软，里面有海绵,而教室里的板凳很硬,我就把那本证书当成坐垫了。"

我说:"你获奖了,可是我付出的努力也不少,还是带回家给我看看吧。"

几天之后,女儿把获奖证书带了回来。

我一看,证书已经被她坐变形了。我跟她开玩笑:"这只是本证书,当成坐垫也不错,但要是以后获得了金牌什么的千万不能扔了,最好是送我,我拿到当铺里当点钱来花也算是物有所值。"

她知道我是在跟她开玩笑,便浅浅一笑,不再讨论这件事。

◎ 做更优秀的自己

进中学后不久,女儿就考了个班级第三。

那可是学校的两个重点班之一。然后,是班级第二。再然后,是班级第一。

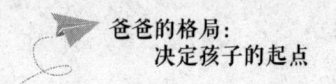

到七年级结束的时候,她考了年级第一。看上去繁花似锦前途无量啊,其实不然。

县城里共有三所中学,教学质量良莠不齐。县实验中学的教学质量最好,那时市里每年分配给县重点高中的名额有近百个,实验中学差不多要瓜分掉三分之一。县民族中学也不弱,虽然整体上并不出彩,但每年都有一个重点班,重点班考十来个进重点高中也不成问题。

两所中学声名大噪,好生源都朝它们那儿跑。所以,每年小升初后,要等两所学校把尖子生录走了,才轮到我们学校。

但小妮子很是沾沾自喜,因为她觉得自己并不怎么努力也能拿第一,而且还是年级第一。我告诉她,她的成绩在学校里虽然不错,但如果在别的学校就算不了什么。

我说的是实话,因为我把她的考试分数(全县统一的试题)放在县实验中学的一个重点班进行比较,她只能排第 26 名。然而,她不以为然,因为她并不属于那个群体,她看到的只是自己身边的近景。

青蛙有两种,一种是井上的,一种是井里的。井上的青蛙视野开阔,自然能正视自己的位置;井里的青蛙即使知道井口外的天空无比大,却总容易被眼前的井口所迷惑,并安慰自己:井口外的天空,跟我有什么关系呢。

我要让女儿这只井底之蛙从井里跳出来看看广阔的天空，因此，我决定把她转到实验中学那个重点班，让她去一个更有竞争力的圈子，这样她才能重新认识自己、定位自己。不然的话，她将永远夜郎自大，故步自封。

原因当然不止这一点。

在那所一千八百多人的中学里，大多数人都认识女儿，那么多老师喜欢她，那么多同学崇拜她，她俨然成了学校的明星。这当然是好事，然而，一棵参天大树在成长过程中既要经历阳光的抚摸，也要经历风雨的洗礼。一个人，不可能永远生活在鲜花和掌声之中，她应该去接触比她优秀的人，做更优秀的自己。

于是，我把她转到了县实验中学。

刚进入新的学校、新的班级，女儿就遭受了前所未有的打击。在高手如云的班级里，老师并没有特意去留意她，同学更没有众星捧月般把她围在中心，她像一个过客引不起别人的注意。

尤其是学习成绩。虽然她已经比从前更努力，可是第一次考试下来只排在班级的第 23 名。这是她从来没考过的名次，以致连她自己都不相信。

找不到存在感，她的信心与日俱减。她老是说现在的学校没有从前的好，老师不好，同学不好，学习环境不好，

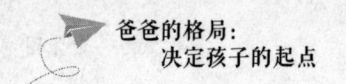

总之一切都不好。有一天，在放学路上遇到从前教她的蔡老师，她突然抱着蔡老师大哭起来，仿佛她受了莫大的委屈。

我知道她的意思，她想回以前的学校。

但我马上否定了她的想法。我说："你可以赢，也可以输，但不能退后，只能继续往前走。你现在的状态，才是你最真实的状态，你要学会不被人重视，要学会过平凡的日子。当你适应了不被人重视的时候，说不定别人反倒会重视你。"

她知道在这种事情上我向来说一不二，只好打消了回原学校的念头。

她开始更加努力了。她又像从前一样爱举手回答问题，爱跟老师和同学打招呼交朋友，爱参加各种集体活动。在新的班级里，她渐渐被老师和同学所欣赏，渐渐有了新的朋友，而直到现在，那些朋友依旧是她最好的朋友。

她的学习成绩也在不断进步。最初是班级的第23名，然后是第22名，到八年级下学期，她上升到第14名。九年级之后，她进入班级前十名。升学考试时，她考了班级第八，进入了她向往的市一中。

不仅如此，她的音乐、舞蹈方面的才艺在学校里也得到了展示，她那真诚、热情、大方的性格，让她交到更多的朋友。她又引人注目了,又被更多的人喜欢了。

进入高中之后,有一天她对我说:"爸爸,要是当初你不给我转学,也许我也能考上市一中。"她告诉我,转学之后她感觉自己太累了,她收获了许多,却也失去了很多。

我说:"人生的可能性有很多,但我们不可能把所有的可能性都尝试一遍。时光不会倒流,已经发生过的事情没有必要再去假设它,但我敢肯定的是,转学之后,你比从前更优秀了。"

◎ 辅导老师

所谓的辅导老师,就是我。

女儿的短板是数学。我虽然是老师,但数学向来不好,因此当女儿拿数学题问我的时候,我心里也会紧张。没办法,我只得把她的课本翻开来细读,了解题目涉及到哪个知识点,读懂了再告诉她。

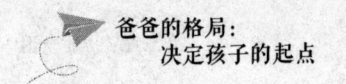

读中学时，女儿依旧爱拿作业问我，我只好用老办法：学。数学课本起初还不难，我还能勉强应付，可学着学着就模棱两可了。于是，我只好跟她一起研究，找思路。但渐渐就不行了，到八年级后，她问的数学题我基本不懂，自学也学不会。

更要命的是，她居然问我英语。在所有科目中，英语是我短板中的短板，我只好老实交代：我不会！她可怜兮兮地看着我，目光中满是失望。

但有时候即使她不问我，我却不得不帮她。比如，周末她在家里做作业，突然遇到难题就唉声叹气，有时甚至急躁、哭泣。我只好带她去老师家。

这也罢了，女儿入学后，学校会举办一些唱歌、跳舞、演讲、朗诵之类的活动，我便鼓励她参加。

可乡下条件有限，她没有参加过什么培训，她所了解的相关知识都来自电视。事到临头，我这个差不多什么都不懂的爸爸被迫成了她的辅导老师。

女儿上八年级的时候，有一天她突然告诉我，她要参加一个歌唱比赛。

那是一个全省性的中学生文艺赛事，女儿想参加当然是好事，可是她没学过唱歌，这是比赛而不是K歌，不能随便扯着嗓子吼几句就完了。我虽然没反对，支持的立场却也不是那么坚定。

可没想到她竟然行动起来了,选歌,选版本,在网上找伴奏,还不时问我,把我当成了她的指导老师。虽然我并不比她多懂多少,可我也不能无动于衷,因此只好给她提一些自以为是的建议。

我们用电脑录歌,录下来再让她听,自己找存在的问题。后来,她居然真的去参加比赛了,还获得了一个小奖。我问她:"为什么不给我颁发一个指导教师奖?"

音乐上的事,我多少了解一点,比如识得一点儿简谱什么的,可是体育的事我就一窍不通了。比如,我平常不爱锻炼,看不懂足球赛,基本没打过篮球。总之,在体育这件事情上我连不懂装懂都不会。

可是女儿中考要考体育,要测试短跑、长跑、坐位体前屈和篮球这几项。评分标准是按照十五六岁的中学生来制定的,而女儿才十三岁,身体机能达不到要求。

我说可以帮她申请免考,那样的话会有一个及格分。但她坚决不同意,她认为通过努力可以考更多的分。而且,申请免考这种事对她来说就是一种耻辱。

既然她不愿意,我还能怎么样呢,只有当她的陪练了。于是每天下午,我都会带她去学校训练一个小时。我们先在球场上打会儿篮球,然后再在跑道上跑几圈。

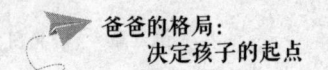

女儿之前并没有什么篮球基础，我也比她好不到哪儿去，好在篮球只考投篮这一项，最重要的就是练习。因此她练了一段时间后，运球和投球都会了，而且投球的命中率还不低。

有意思的是，当了一段时间的陪练，我竟然对打篮球也产生了一点儿兴趣。而跑步不需要多少理论知识，只要体能上去了，考高分也容易。

女儿每次练习都非常努力，一个小时下来必定满头大汗。当然，结果也是令女儿满意的，每一个项目她都考了满分。

女儿一度把我看成电脑高手，在她看来，只要跟电脑有关的问题，没有我不会的。但渐渐地，她懂的东西就比我多了。

女儿上大学后，有一天我叫她帮忙安装一个电脑应用软件。安装好后，她教我怎么使用，可是她演示了两遍，我还是不会。她一脸无奈地望着我，过了好一会儿才说："爸爸，你已经老了。"

这也许是她发自内心的感慨，但这有什么呢，衰老是不可改变的自然法则。我虽然老了，她却已经长大了。在她长大的过程中，我始终陪伴着她，这是我人生最大的幸福。

◎ 不为失败辩护

高一下学期第一次月考成绩出来后,女儿哭着打电话给我。

她向来不太在乎自己的考试成绩,可那一次实在让她受不了。据她说,考英语时由于题目太多,她便闷着头做题,把答案都写在了试卷上。考试结束的铃声响了,她才发现自己还没有将答案抄在答题卡上。

她匆匆涂了几个选择题,可是已经没有时间了,老师把答题卡收走了。这个失误让她的心情糟糕透了,以致接下来的科目也没发挥好。

原本英语是她的强项,可是她竟然考了全年级最低分:8分。这个分数已经让她很没面子,更令她尴尬的是:学校将全年级最后200名的学生召集起来开会。

全年级1300多名学生,女儿考了1200多名,自然名列其中。学校的做法虽说是为了帮助差生上进,但是在女

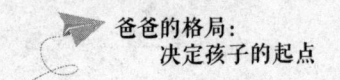

儿看来,进入这一队伍对她就是一种耻辱。

女儿哭,是因为自己受了委屈。我说,这次既然已经这样了,那下次继续努力吧。但她并不承认自己属于后进生这个群体。她说:"按照正常情况,我的英语至少可以考 120 分以上,那样,我起码能排在年级的 600 多名。"

一次考试失误,这原本是正常不过的事情,但女儿那么像煞有介事地为自己申辩开脱,我便觉得她的态度有问题了。

一天她回家,妻子偶然跟她提起这件事。她又解释,说那次考试是她没有把英语答案填写在答题卡上。言外之意,这仅仅是一次意外。

固然,她的话没有错。但是回过头来一想,就不是那么回事了,因为这样的意外是她自己造成的。

我说:"我百分之百相信你说的话,但我想问的是,造成的结果是什么呢?"

她说:"结果是我落到了年级的后 200 名,但这是有原因的。"

我说:"你的意思是,你这个失误可以原谅?"

她低头不语。

我说:"我们假设这次考试是高考,我们也可以原谅你这个失误,但是你能原谅自己吗?"

她说:"你那只是假设,事实上它并不是高考,高考时我肯定不会犯这种低级失误。"

我说:"谁也不敢保证自己能百分之百的成功。你考砸了,没有人怪你,但是如果你不接受现实,还找理由为自己开脱,这样就不对了。因为有时我们做事情,过程其实并不重要,重要的只是一个结果。所以,不要给自己找理由,不要为你的失败辩护。何况,你找的理由根本就站不住脚,因为那是你自己造成的,跟别人无关。"

女儿虽然认为我说得有道理,但在内心深处,她依旧认为自己考砸这件事是有特殊原因的,应该原谅。不过后来发生的一件事情,让她觉得为失败辩护的确是一件没有意义的事情。

那是高三上学期,她参加全省英语听力考试。听力总分30分,一共有两次考试机会,最高分将计入高考成绩。

考场设在另一所学校,女儿进入考场,想到分数跟高考有关,她的心里就紧张了起来。广播开始播放试题,她不适应那所学校的播音设备,加上紧张,广播里播放了些什么都听得不大明白。

从考场出来,她整个人都蒙了。想到考试结果有关前途命运,她难过不已,打电话向我哭诉,说那个广播系统害了她。

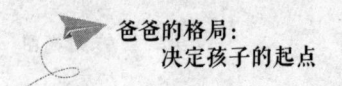

我只好安慰她，说分数还没出来，现在担忧还为时过早。但她明白考分肯定会很差。

果然，她只考了14分，那是她们班级的最低分。分数公布后，女儿又打电话给我，再次哭诉。

我说："你的英语一向很好，这次考试显然不是你的真实成绩，你仔细找一下原因。"

她说："怪只怪那个可恶的广播系统。"

我说："我觉得不太可能，要是广播系统有问题，就算你不申诉，当场也会有其他同学提出来，可为什么没有呢？我想，你应该找一下自己的原因，说不定是你太紧张的缘故。这次考试的结果已经是这样了，无论你怎么辩护，结果都无法更改。好在根据规则你还有一次机会，你现在要做的事情是：做好准备，尽最大努力考好下一次。"

女儿不再说什么，开始积极为第二次英语听力考试做准备。因为她明白，无论怎么辩护，结果已经摆在了那里无法更改。

第二次考试时，她调整了情绪，淡定入场，终于考出了好成绩。

◎ 陪考

女儿在市一中读书，离我们居住的县城近 70 公里。

高考前，原本说好不去陪她的，首先是她从来就没有这样的想法，我也不想小题大做，那时她已经十六岁了，考个试还要陪，这样做太矫情。但鬼使神差，最终我还是去了，妻子也去了。

高考那天早上，我和妻子早早去了市一中。学生家长进不了学校，校门外已经用警戒线隔开，并安放了"回避""肃静"字样的警示牌。但我们还是在考场外等了一个上午，仿佛不那样做就欠了女儿一点儿什么似的。

考场外人山人海，几乎都是家长。市电台别出心裁，把直播设备也搬了去，在校门口搞起了直播。一些办补习班的培训机构在外面拉起场子，免费给家长们发放印有广告的矿泉水。

妻子有点儿渴，要去领一瓶水喝。我开玩笑说："他

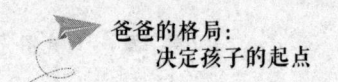

们是办补习班的,喝了他们的水怕不吉利。"妻子虽然不信,却也不敢贸然去领,就去旁边的商店买了一瓶。

看看时间,考试早已开始了。我们在人堆里挤了一阵,看了会儿新鲜,觉得实在无聊,就去学校旁边的小山上转了转。山上有亭子、水榭、幽径,我们闲逛了会儿,拍了些照片。可惜山太小,没几步就走完了,见时间还早,但学校门口的家长越来越多,于是又去凑热闹。

其间见到几个熟识的家长,大家闲聊了一阵,说的无非是内心的一些忐忑:考不上怎么办、考场上出了意外怎么办、考题不对口怎么办……

一个家长带着他读高二的女儿来感受氛围,说是让孩子见见高考的阵势,好有个心理准备,到明年参加高考就不慌了。我却想,这阵势,要是孩子被吓着了,明年还怎么考?

第一场考试终于结束了,考生先是零零星星出来几个,很快,学校门口宽宽的大道上人头攒动。我忍不住想,创造出"高考大军"这个词组的人,肯定见过眼前这种气势磅礴的景象。

考生的表情各异,但很难从他们脸上分辨出是考得好还是考得不好。他们一出来,围在门口的家长便自觉让出一条通道,那阵势有点儿像古装电视剧里大军过境,黎民百姓夹道欢迎的场面。

有的家长拿出手机，给缓缓移动的考生拍照。每个家长都在找自己的孩子，我和妻子知道女儿并不会随"高考大军"出来，因为按照计划，她考完语文之后会去学校食堂吃午饭，然后睡午睡。

可是，我们站在家长队伍里张望着，仿佛她就在里面。直到考生都差不多走完了，那条通道上只剩下寥寥几人，我和妻子才垂头丧气地回宾馆。

一路上，妻子在唠叨："我们在学校门口等了老半天，她会不会知道呢？"我说："她怎么可能知道？那个白眼狼该吃吃，该睡睡，才不会想这些呢。"

妻子觉得我们是白来了，我安慰她说："我们是来陪考的，就要在考场外等的，否则算什么陪考？"

六月七、八号两天高考，每一场考试前，我和妻子都按时去学校，跟那些家长站在学校门口，静静地凝视着考场的方向，不时瞅瞅那几幢灰色的教学楼，想象着我们的孩子在某幢楼的某间教室里奋笔疾书或凝眉沉思的样子。

直到考试结束的铃声响起，参加高考的孩子们走出考场，穿过学校门口的通道，消失在我们的视线里，我们才慢慢离开。

当最后一场考试结束，学校门口人山人海，我和妻子

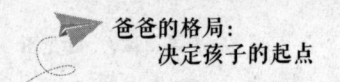

站在路边,在无数穿着校服的身影里寻找着女儿。这一次,我们确信女儿会从里面出来,就像一场戏的结局,我们跟随剧本安排的情节终于解开了所有的悬念。

高考那两天,我和妻子默默在考场外为女儿守候,我们的内心虔诚,仿佛在举行一个不可或缺的仪式。也许,对女儿来说,这种陪伴毫无意义,可是对我们来说,这种陪伴弥足珍贵。

◎ 大学梦

女儿喜欢英语,上高中后,我便引导她确立了奋斗目标:上海外国语大学。

根据云南历年录取的情况来看,上外的录取分数线要高出一本线100分以上,有的年份甚至高出120多分。

根据女儿的情况,她要考上那所大学非常难,因为她进入市一中时成绩排名年级900名左右,而要进入目标大学,起码要进入年级前150名。

从 900 名上升到 150 名，难度太大了，女儿觉得考上目标大学的希望渺茫。

我说："一口吃成个大胖子当然不行，可是还有三年时间呢。你可以慢慢来，每半年确立一个小目标，每次进步 50 名，到高考时说不定就冲到预定的名次了。"

每次进步 50 名看起来很难，事实上，只需多考 10 多分就能达到。也就是说，只要持续努力，目标不是不可能实现。

然后我告诉她："你按照这个计划，一个小目标一个小目标地去实现。就算预定目标没有实现，可是你努力了肯定会有进步，至少不会原地踏步。到时就算考不上理想中的大学，在选择别的大学时你也会多一些底气。"

听了我的话，女儿开始一步一步实施计划。虽然不是每次考试都进步，甚至偶尔还会退步，然而到了高三下学期，有一次月考她居然进了年级前 200 名，这对她来说已经难能可贵了。

各高校组织自主招生，女儿毅然报了上外，并积极准备各种材料。虽然最终她连面试都没有进，但她也丰富了经历，增长了见识，也算是有所收获。

高考成绩出来后，女儿的分数高出一本线不到 100 分。这个分数虽然超出了我的预期，但要在第一批次被北外、

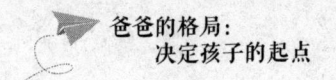

上外这样的外语类高校录取,可能性不大。

填志愿的时候,我们把国内的外语或跟外语有关的高校列出来,再按照口碑和历年在云南的录取分数进行排序。女儿当然最想读的是北外和上外,但在不可能被录取的情况下,我们只能退而求其次,选择录取分数稍低的广外、北语和北二外。

从以往的录取分数来看,这些高校的录取分数线几乎在一本线以上60到80分,填这几所学校,她被录取的概率很高。但为了保底,我们又选了西安、天津和大连的几所外国语大学,这几所高校历年录取分数线都保持在一本线以上20至50分之间。

我们又研究了一下提前批次的招生情况。提前批次有提前本科、国家专项、地方专项、高校专项、自主招生等多个批次,而女儿有资格填报的只有国家专项批次。

这个批次针对中西部一些贫困地区的考生,而在高考报名时,女儿提交了相关材料,资格已经审核通过。既然有这个机会,我们就大着胆子填了几所之前她只敢仰望的大学。首先填的就是上海外国语大学,其次是对外经贸大学,最后填了中山大学。

女儿想学语言类专业,上外在国家专项批次里没有安排语言类专业,但之前我们已经了解到,在这所学校如果读非语言专业，可以拿双学位，还可以辅修。因此，先进了门槛再说。

之所以把上外填在最前面，其实我还藏有一点儿小心思：女儿为之奋斗了三年，填了之后，万一有幸被录取了呢？而如果不填，就连想象的机会都没有了。

事实证明，我们的选择还不错，女儿在提前批次被上外录取了，这真是一个意外的惊喜。

根据后面的录取情况来看，如果她不被上外录取，也会在提前批次被对外经贸大学或中山大学录取；而假如她没有在提前批被录取，滑到第一批次，她也肯定会被北二外或北语录取，因为这两所大学的录取分数线都比她的高考分数低。

当幸运之神光顾一个人的时候，其实那并非只是意外。如今，女儿已在她心仪的大学就读了。

她是幸运的。

但我想，要是没有她进入高中时定下的目标，没有她一次次失败后依然坚持的努力，幸运之神迎面而来的时候，也不过是跟她擦肩而过。

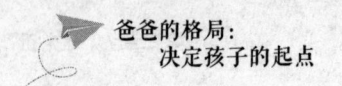

◎ 相信自己

女儿历来胆小，不自信。

她四岁时，带她步行回老家，从我工作的小镇到老家有四五公里，途中要经过一段危险的路。路是水泥路面，还算平坦，但宽只有半米，左边是堰沟，右边是山崖，没走惯的人会走得心惊胆战。

刚踏上那条路，女儿就不敢走了，紧紧地抓着我的胳膊。我鼓励她："走啊，别害怕。"可她还是不敢抬腿。我说："别看两边，只看前面就能过去了。"

她抬头，看着前面，迈出一步又不敢走了。我说："不怕，有爸爸在呢，我牵着你。"

我站在她后面，牵着她的一只手。她紧紧抓着我的手，又迈出了一步。我说："继续，再跨一步。"她死死地盯着前方，开始小心翼翼地迈步。就这样，我捉住她的手，我们一起走过了那条五六百米的险路。

她五岁时，带她去坐过山车，她想坐，却又不敢。我说："我带你一起坐。"她战战兢兢，紧紧地抓着我的手，不情愿下又有那么一点儿蠢蠢欲动。

我说："没事，那么多人都坐，很安全的。"我牵着她上了过山车，我们并排坐着系好安全带。

她扭头看着我，嘴唇打战："爸爸，我怕。"车还没动，她的脸就变色了。我说："别怕，是有点儿刺激，但肯定不会出问题，有爸爸在呢。"

过山车缓缓动起来，爬上缓坡俯冲下去，再爬上去再俯冲，然后转了个圈。我们的身体倒立、悬空，女儿死死闭着眼睛，一只手死死地抓住我。

我喊她："睁开眼睛看一眼！"她微微睁开眼睛，马上尖叫起来。她的叫声里，有害怕，也有兴奋。

过山车停了，我们下来，我看见她的眼睛里散发出花朵般的光芒。

她八岁时，带她去溜冰场溜冰。溜冰场里，孩子们飞奔着，溜冰鞋就像长在他们脚上的风火轮。女儿全副武装，想上场，却不敢。

我鼓励她："上去啊，别怕，既然你已经敢在操场上溜了，在这里也应该敢。"可是溜冰场里人多，她感到眼花缭乱。我说："动起来啊，他们不会碰到你的。"

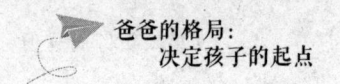

她抬腿，扶着墙壁慢慢过去了。她很小心，我看得见她的心在七上八下。

一个男孩见她那样，也许是故意吓她，朝她冲过去，在即将碰到她的时候又突然拐弯，跑别处去了。女儿尖叫一声，身子晃了晃，但终于稳住了。10多分钟后，她混入了那些孩子中间，动作跟他们一样娴熟。

她十三岁时，学校举行"五四"晚会，初中就要毕业了，她想上台表演节目，以纪念三年的成长时光。可是竞争者众多，她担心自己没机会。

我说："想参加就报名呗，万一被选上了呢？你要相信自己。"她问："爸爸，你觉得我是唱歌呢，还是跳舞好？"我说："你自己决定。"她说："大家已经听过我唱歌了，我还是跳舞吧，我想挑战一下自己。"于是她开始准备舞蹈，一支单人舞。

那是她初中的最后一个学期，学习任务很紧张，她只能在课余排练。几天之后彩排，她的节目被选上了。晚会开始了，轮到她上节目的时候，她一个人站在舞台上，和着音乐节奏，跳得自然、大方，引得台下阵阵喝彩。

她十五岁时，进入高三。一天，她垂头丧气地打电话给我："爸爸，我是不是很笨？"原来她又对自己产生了怀疑。的确，虽然她不笨，但也不比别人聪明，她就是个平平常常的孩子。她的学习成绩大多时候处于中游水平，每次考试她都想考好，但排名老是上不去。

她的一个同学特别贪玩，初中时成绩没她好，上高中后更是比不上她，可是最近一次考试，人家竟然超过她200多名。她问我："为什么那名同学平常也没怎么努力，考试成绩会那么好呢？"现在她又对自己缺乏信心了，需要我的鼓励。

我说："也许你的同学平常看上去并没努力，背地里却努力了，所以考得比你好。也许，只是因为这一次的试题恰巧适合她，她才考得这么好。"

然后，我又说："你十三岁就考上了重点高中，这说明你不仅不笨，而且还很聪明呢。现在你的成绩不如你的意，也许是你在某些方面的基础不扎实，也许是付出的还没有别人多。"她听了，心情平静下来，又开始努力学习。

她十六岁时，进了大学。她被大学里的学生会组织和形形色色的社团吸引了，想加入，但需要面试。她马不停蹄地跑了两天，可是没能进入学生会，也没能加入心仪的社团。她的心情降到了冰点，她在微信上问我："爸爸，为什么他们都不要我，我是不是特别差？"

我有点儿替她难过，但还是说："你要相信自己，你已经很优秀了，只不过你还小，在他们看来也许你还不够

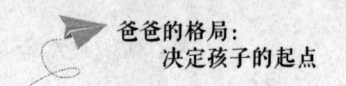

成熟。但这没关系啊,你会长大的,尤其是在这种不断的碰壁中,你会成长得更快。"

她发给我一个跳跃的表情,她又开始相信自己了。

◎ 幸运女生

"爸爸,你放心,我的运气一向不错!"这是女儿考试前最爱说的话。

女儿一向觉得自己的运气很好。比如,上小学时她在乡下读书,平时成绩虽然不错,但从未拿过第一,可是最后一次统一考试,她竟然考了全乡第一;初中转学后,她的文化成绩平时在班上很少进前十,可是中考时她考了班级第八,超出了自己的预期;她虽然很想读上海外国语大学,但她知道希望渺茫,因为根据她的成绩很难考上,可最后她偏偏被录取了;进大学后,她读了自己不喜欢的专业,便打算考研时换自己最喜欢的英语口译,结果面对众多的竞争者,她竟然脱颖而出了。

因此，她常常扬扬得意，觉得自己的运气实在不错。

从心理学的角度看，一个人成功的因素有很多，而心理暗示也是不可或缺的——就像一个人如果老是怀疑自己，他的成功自然会大打折扣。

见女儿盲目自信的样子，我虽然对她也有所怀疑，却一直尊重她的感觉，没有打击过她，而是始终鼓励着她。

记得高三下学期的时候，我去看她。那时她的情绪不太稳，考试成绩忽上忽下。我们谈起她理想中的大学，她有点儿泄气，认为目标离她越来越远。我说："你的运气那么好，只要你不放弃，说不定奇迹就会发生呢！"

她笑起来，随即心情灿烂。果然，奇迹最终发生了。

当然，她的成功不仅仅是心理暗示。

比如，她一直都是个有梦想的孩子。很小的时候，她就知道了很多大学的名字，对很多职业都很向往。她有很多梦想，想当警察、当军官、当音乐家、当航海家，想去法国、去丹麦、去冰岛、去意大利，她想拥有一辆会飞的汽车、一台无所不能的机器人、一个摆满各种零食的大超市……虽然那些理想乱七八糟不切实际，却使她变成了一个积极向上、有追求的孩子。

比如，她也是一个热爱生活的孩子。她喜欢音乐、喜欢电影、喜欢逛书店、喜欢旅游、喜欢帮助别人、喜欢做

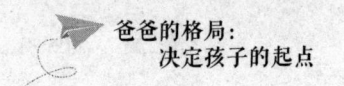

公益、喜欢城市也喜欢乡村、珍惜亲情、珍惜友谊、同情弱者……她对所有美好的事物都保持着强烈的好奇心。即使面对枯燥的学习,她也能从中找到属于自己的乐趣。

比如,她也是一个意志坚强的孩子。十三岁时,她面临中考,她的体育很弱,但为了考试,她愿意在跑道上挥洒汗水。十五岁时,她读高二的暑假,我和她一起去徒步。她迎着烈日,双腿麻木,脚底起了泡,但她没叫一声苦。她拒绝坐车,跟我一起徒步,完成了一天40公里预定的目标。十七岁时,她读大一的暑假,我们再次徒步,在一天里走完了50公里的路程。

比如,她也是一个努力向上的孩子。老师布置的作业,她会规规矩矩完成;老师说的话,她会牢牢记在心里。读初中时,我骑摩托车去学校接她,坐车时,她也在抓紧时间背英语;晚上到该睡觉的时候,我敦促她睡觉,她睡下了,可是趁我睡了她又悄悄起床写作业。读高中时,她也曾像别的同学一样早起晚睡,努力刷题,做了厚厚一摞卷子。即使上了大学,为了考研,每个假期回家她也差不多每天都要学习。

还有很多,比如,她诚实善良、喜欢挑战、不愿服输、勇于承担、敢于面对现实……

一个这样的孩子,她的运气好也在情理之中。

第三章 很温暖

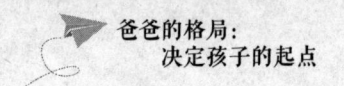

◎ "你是我的爸爸"

她那么小,我把她抱在怀里,感觉她就像春天的一个芽儿。我实在忍不住,便把自己温热的脸轻轻挨在她的小脸上。

我的脸上有胡茬儿,但我小心翼翼地挨近她,不刺疼她,我想让她感受到一个爸爸内心的温度。

有时候,我们也玩游戏。我让她骑在我的肩上,我像马一样跳跃奔跑;我把她抛起来,再伸手接住;我提着她的小腿,让她倒立走路;我背着她,让她倒挂在我背上,我紧紧抓住她的腿……

她呢,咯咯地笑着,从没感到过害怕。也许在她看来,我就是永远系着她的那根最牢固的保险绳——只要有我在,天就不会塌,地就不会陷,世界永远阳光灿烂。

她从来都是那么信赖我,就像鸟儿信赖天空,鱼儿信赖大海。

人与人之间，真的可以随意信任吗？我不确定，但以我的经历来看，很多时候我所受的伤害，都是源于对别人的过分信任。

因为信任，所以受伤害。

这是一个悖论，然而在很多时候又是一条人生的真理。而女儿是那么单纯，她那么信任我，也会像信任我一样信任别人吗？一想到她有可能在未来的人生里被自己信任的人所伤害，我就忍不住担心。

有一天，我给四岁的女儿讲述一个曾经在报纸上读到的故事。

一个美国爸爸带着儿子玩耍。爸爸让儿子站在台上，他站在儿子的前面。爸爸说："儿子，跳下来吧，爸爸接住你。"儿子兴奋地张开双臂，纵身一跳，朝爸爸怀中扑了过去。

就在这时，爸爸突然挪开双脚，一侧身躲开了向他扑来的儿子。儿子掉在地上，哇哇大哭起来。爸爸抱起儿子，问他疼不疼，儿子哭着说："疼。"

儿子哭得很伤心，抱怨爸爸食言没有抱住他。

这时，爸爸严肃地告诉儿子："以后你要记住，这世界上除了你自己，没有人完全值得你信任，哪怕这个人是你爸爸。"

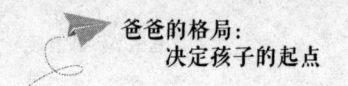

这真是一个残酷的故事。其实我是想告诉女儿,不是所有的信任都是可靠的,比如故事里的那个爸爸,因此你得学会多一个心眼儿。

女儿听完故事,似懂非懂地望着我。

我朝她做了个鬼脸,说:"来,我们也像那个爸爸和儿子一样玩一次。"

没等她回答,我便把她抱起来,放在我面前的高台上。然后,我故意不怀好意地说:"跳下来呀,爸爸在下面接住你,我不会躲开的。"

她站在高台上看着我,似乎有些害怕。

这个游戏我们已经玩过很多次了,每一次当她从高处扑到我的怀中,我都会紧紧地搂住她,而她在我怀里欢快地笑着,像一朵盛开的太阳花。可是现在,刚刚我给她讲述了一个残酷的故事,我不知道她还会不会跳下来。

我再次故意不怀好意地笑着对她说:"跳啊,我一定接住你。"她盯着我的眼睛,仿佛要从里面找出什么暗示。

我想,她一定是害怕了,因为我在她前面挖了一个坑,而她分明已经看见了危险。这就对了,故事虽然残酷,可是让她有了警惕心。

她站在高台上注视着我,露出清水一样的目光。她晃了晃,闭上眼睛,然后张开双臂扑向我的怀抱,像一只鸟儿飞入温暖的巢里。扑向我的时候，她是那么肯定，那么倔强，那么义无反顾。

而我没有丝毫犹豫，张开双臂迎着她，紧紧地、稳稳地抱住了她小小的身体。她伏在我的怀里，像躲进了袋鼠的口袋里，而我紧紧拥抱着她，就像拥抱着全世界。

是的，她就是我的全世界。

后来，我问她："爸爸讲的那个故事你还记得吗？"

"记得。"

"那你为什么要跳下来？难道你不怕我不抱住你，那样你就会摔在地上了吗？"

她用清水一样的目光再一次注视着我，然后说："可你是我爸爸啊，你会抱住我的。"

我心里一颤，忍不住再一次紧紧地、紧紧地抱住她。

◎ 家里的"监委主任"

女儿还没上学的时候，老是管不住自己，没想到她一

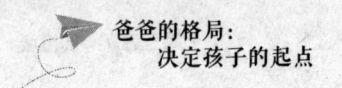

上学就像变成了另外一个人,似乎所有的优点都像漂亮衣服一样穿在了身上。

她准时睡觉,准时起床,作息时间跟闹钟一样有规律;她学习努力,劳动积极,尊敬老师,团结同学;最令我欣慰的是,她不再买小摊上的零食吃了,说那是垃圾食品,不卫生。

这些,当然得归功于老师。学校实行操行分制度,基础分为10分,学生表现好就加分,表现差就减分,减到6分以下就会在校会上被点名批评。女儿只在上课时因为讲话被扣过一分,其余全是加分。每当她的操行分有了变化,她都要回家向我们汇报。

有一天,一家人吃饭时,女儿突然郑重其事地说:"现在我宣布一件事情,从今天起,我们家实行操行分制度,每个人的基础分是10分,妈妈玩一次麻将扣一分,爸爸上一次网扣一分。"

我们好说歹说,最后她终于让了一步:妈妈在周末以外的时间打麻将才扣分,而我因为工作上网可以不扣分,要是聊天玩游戏,坚决扣分。

商量定,她立即放下碗筷,找出纸笔,开始一条一条写好规矩,并把它贴在墙上的显眼处。

不久之后,女儿的扣分制度逐渐丰富起来,包括我和妻子拌嘴要扣分、熬夜要扣分、睡懒觉要扣分、抽烟要扣分、我们误会了她要扣分……

我们当然也饶不了她：不做家庭作业要扣分、耍小脾气要扣分、挑食厌食要扣分、有客人来不热情打招呼要扣分、长时间看电视或凑到电视机前看电视要扣分……

扣分制度一实行，一家人的日子都不好过了。比如抽烟，我只能在女儿不在家的时候抽，要是她在家，我只好躲到外面抽。但她一双眼睛贼毒，一见我出门就马上跟踪我。在她的监视下，我不得不痛苦地做出戒烟的决定。妻子平常没事爱玩几圈麻将，扣分制度实施后，她没麻将可打，做什么都显得六神无主。

制度面前，人人平等。

以前，女儿看电视喜欢凑到电视机前，我们时时提醒她，她意识到之后也会往后退到合适的位置，可是看得入了迷，又会不知不觉凑到电视机前。自从有制度约束之后，她虽然也还在犯老毛病，可是频率没从前那么高了，只不过她也感到很不自在。但有什么办法呢，正人先正己，她得做好表率。

女儿越来越像家里的"监委主任"。每当我准备打开电脑，她就会立马跑过来挡在我面前，指着我，一脸严肃："扣分！"我想上网也上不成了，只得看书。我要是偷懒

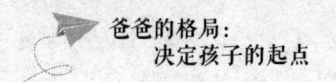

不想做家务，她同样用小指头指着我："扣分！"

妻子也被她管得极不自由，前脚刚出门，女儿就在后面大喊："是不是要去打麻将？扣分！"

我们也不饶她，只要违反制度马上扣分，最终的结果是，我们三人的分数很快变成了负分。

"扣分"制度虽然只是女儿跟我们玩的一个游戏，却也有一些好处。比如，我被迫安静地读了许多书，有段时间我还研究起如何做菜，那菜的味道居然也得到了妻子和女儿的夸奖。

妻子打麻将的行为有所收敛，有了更多的时间操持家务、陪女儿玩耍。

女儿读小学会遇到一些刁钻古怪的题，我跟妻子虽然教中学，但对那些题也头疼。我俩闲得无聊，就把女儿的课本拿来重新学习，然后三个人凑在一起讨论那些题的解答方法，一家人也算是其乐融融。

不过，女儿渐渐开始滥用制度了。比如，吃饭的时候，她说："妈妈，我要吃饺子！"妻子说："都这时候了，我怎么做给你吃？"她便严肃地说："不做？马上扣分！"

她睡觉的时候，喊我："爸爸，给我洗脚。"我说："都这么大了，自己的事情自己做。"她就耍赖："洗不洗？不洗我扣你分！"

我只好被迫给她洗脚,边洗边讨好她:"看爸爸这么好的表现,是不是该加分?"她小手一挥,大方地说:"表现不错,加两分!"

◎ 快乐计划

有一段时间,由于烦心事多,生活压力大,妻子特别易怒。

那时候女儿才九岁,可是她已能够感受到家里的压抑气氛了。有一天,我跟她讨论妈妈的状态。

我说:"你妈妈再这样下去,恐怕要变成怨妇了。"

女儿也是忧心忡忡:"妈妈也许会患抑郁症呢,该怎么办才好呢?"

我们开始像煞有介事地研究解决办法。

女儿说:"不如我们逗她笑吧,我俩每人每天把她逗笑三次,只要她笑了,心情就会好,她就不会抑郁了。"

我非常赞成女儿的想法,并且约定,我们每天都必须

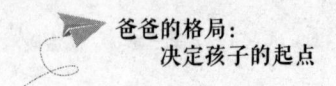

完成预定的任务。

于是,我们开始实施"快乐计划"。女儿去搜笑话书,她把从前读过的笑话集重温了一遍,试图在里面找到最具笑点的故事。我知道妻子的笑点在什么地方,因此没像女儿那样去做功课,而是打算临场发挥。

那天晚上,我在键盘上敲敲打打,女儿在书桌前做作业,妻子坐在沙发上看电视。我瞥了一眼妻子,见她虽然在看电视,但满脸的不高兴,因为女儿又惹她生气了:晚饭后,她发现女儿早上才穿的衣服上沾了一些污迹。

我想起我们的计划,决定先试试水。我关了电脑,坐到妻子身边,问女儿:"鱼,作业快做完了吧?想不想听爸爸讲个故事?"

她停下笔,说:"好啊!"

我说:"讲故事之前,我决定先暖暖场,给你唱首歌。"

妻子扭头看了我一眼,不知道我是哪根神经出了问题。女儿倒是见怪不怪,说:"你唱嘛。"

我清了清嗓子,唱起来。妻子从前也喜欢听我唱歌,认为还不至于不堪入耳,可是现在我的表现让她大跌眼镜。我扯着嗓子,阴阳怪气地唱了几句,那种不男不女、不中不洋的假声唱法让她忍不住笑了起来,家里僵硬的空气开始流动了。

女儿捂住耳朵，直呼难听死了。

我说："你说难听，可是你妈妈说好听。在你成为我女儿之前，我曾是著名歌手，你妈妈是我的脑残粉。那一年我去昭通开演唱会，你妈妈举着鲜花跑到机场去接我。她的腿长，跑在最前面，见她人也长得漂亮，我就决定嫁给她。"

我东拉西扯，废话连篇，引得妻子前仰后合笑了不止三次。这样一来，我的任务便圆满完成了。

女儿瞎编乱造的功夫虽然不及我，却也是有一点儿功底的。她要么照搬书本，要么捕风捉影，要么信口雌黄，要么鬼话连篇。比如，有一次她说："爸爸，你是怎么回事啊？你看你长得这么难看，妈妈长得这么漂亮，为什么我长得像你一样难看而不像妈妈一样漂亮呢？你老实告诉我，我到底是妈妈生的，还是你生的？"

妻子听了她的奇谈怪论，忍不住笑了。

女儿尤其擅长"谄媚"之术。比如，她见妈妈不高兴了，会突然蹿过去，冷不丁在妈妈脸上亲一下。妻子虽然依旧装作不高兴，可看得出来，她心里非常享受。

有时候，女儿会故作夸张地说："妈妈，我真是爱死你了！"妻子明知道这话有水分，却也乐于听，她脸上绷紧的肌肉很快便松弛了下来。

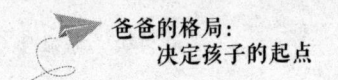

在我和女儿你来我往的狂轰滥炸之下,那段时间,妻子的心情好了许多,每天可谓是面朝大海,春暖花开。

妻子特别生气的时候,我们怎么逗也逗不笑她。女儿讲完一个故事,自己觉得特别好笑,就上气不接下气地笑;我虽然觉得没那么好笑,却也故作夸张地说:"太好笑了,真是天大的笑话,简直笑死我了!"

妻子当然不会迎合我们,她气恼地说:"有什么好笑的?一对疯子!"

女儿见她的笑话没有"笑果",只好扑到妈妈的身上,挠她的胳肢窝,央求说:"妈妈你笑嘛,你快笑嘛,你不笑,我的任务就完不成!"

妻子忍不住,终于笑了,家里的空气立刻轻松起来。

◎ 少女故事

晚上十点,女儿从学校打来电话。

"爸爸,我来月经了!"她的语气中饱含着惊奇与欣喜,仿佛是在向我炫耀她取得的骄人成绩。

我大吃一惊。那时她虽然已经上九年级了,可还不到十三岁,只是个小女孩呢,我对她身体的变化还没有一点儿思想准备。而且,那段时间她的课程比较紧,还住在学校里,到周末才能回家,没大人在身边,她自己怎么处理?要是她妈妈在,当然可以去学校帮助她,可她妈妈还在乡下的学校,一时来不了县城,发生了这么大的事情,我这个当爸爸的该怎么办?

无论如何,这件事情还是让我激动异常。我赶紧在电话里祝贺她:"恭喜你,你终于变成一个少女啦!"

"哼!"她嗤之以鼻,仿佛我的祝贺全是虚情假意。

我说:"我来学校接你回家吧。"

学校离我们租住的地方只有一公里多,并不算远。我想,发生了这样的事情,在学校里多有不便,得让她回家处理一下。

"不必啦!"

"可是,你……你自己行吗?"

"我自己当然不行啦,可是宿舍里的同学已经教我怎么做了,她们还把卫生巾借给我用,现在我已经处理好了,打电话就是告诉你一声。"

这是我的女儿吗?她竟然这么淡定?几分钟之前,她

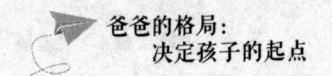

还是一个单纯幼稚、有些可笑的小女孩，可是陡然之间她就长大了，这是真的吗？

多么让人猝不及防。

我再次恭喜她，她突然说："爸爸，明天中午我回家，你带我去买卫生巾！"她的声音里明显带着命令的语气。

我当然乐意跟她一起去。"好！"我说，"明天中午你回家，我做一顿大餐给你庆贺！"

第二天上午，我去菜市场买了一大堆菜，做了一桌子好吃的。午饭后，我和女儿一起去逛超市。

以前，我们一家三口也曾去超市买过卫生巾，但那时妻子是主角，我和女儿是配角。有时我只是站在超市门口，等她们在里面买好了，我负责提回家。可是这回不一样了，妻子不在，我得亲自陪女儿去挑选。

我站在卫生巾专柜前，看着各种品牌的卫生巾，免不了眼花缭乱。女儿却是轻车熟路，念叨着哪一种品牌好用，哪一种品牌不好用；哪一种是白天用的，哪一种是晚上用的。显然，这些信息来自她的妈妈和同学。我跟在她旁边，只是茫然地点着头。

女儿站在货架前，不时把选好的卫生巾丢在我手中的篮子里。我看着她，她的举手投足，一颦一笑，竟依稀有了她妈妈的样子。

我心里感到欣慰，却又有那么一点儿失落。这个小女孩，才几天不见，我还没回过神呢，她干吗就偷偷把自己变成了一个少女？

◎ 坏消息，好消息

女儿上高中的时候，每次考试分数出来，她都会打电话告诉我，虽然她知道晚一点儿我也会收到学校给我发来的短信。

"爸爸，月考分数出来了。"

"哦，考得怎么样？"

"你想听好消息，还是坏消息？"

"如果是好消息，我就听好消息。如果是坏消息，我就听坏消息。我已经做好了两手准备。"

"那我还是先告诉你坏消息吧，听了你可不准生气。"

"我为什么要生气呢？偶尔考了一次不理想的分数并不能说明什么。"我从她的语气里猜出了七八分，这次她

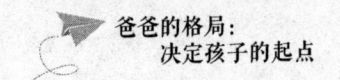

考的分数应该不会太好，否则的话，她不会这样故弄玄虚。

她在学习上并不十分努力。不努力的证据有很多，比如周末她常去看电影、跟同学聚餐、学跳舞、逛街甚至去网吧……

她似乎还有嗜睡症，早晨老是醒不来。周末倘若没课，她会睡到午饭时候。平常上课时间，她定好闹钟，可闹钟老是吵不醒她，很多时候都是室友把她弄醒。

偶尔，等她自己醒来，宿舍里已经没有人了，她头不梳脸不洗匆匆跑去教室，可是教室里早开始上课了。她担心老师惩罚她，便只好等下一节课再去……这些状况，她都已经老老实实跟我交代过了。

有一回，我和妻子去学校开家长会。在学校看见她，发现她一脸讨好的笑，随即她就把真相吐出来了："好险！今天下午我上课又迟到了，被老师揪到办公室罚我做下蹲运动。要是你们早10分钟来，看见我正被老师体罚的话，不仅你们丢脸，我也丢脸。"

我和妻子听后，哭笑不得。既然她都主动坦白了，我们还有什么可说的呢。

班主任陈老师也曾打电话来告状："周末的时候，同学们都自觉地坐在教室里自习，她也坐在教室里，可她在听音乐，所以我把她的手机没收了。还有，她竟然在自学韩语。都高二了,她本末倒置,不努力学习高考科目,一个人自学什么韩语,都不知道她是怎么想的!"

于是,我找女儿谈话:"你的斑斑劣迹,我已经从陈老师那里了解了,大家都在拼命学习,你却在玩手机,好自为之吧。"

她狡辩说:"我在用手机查学习资料,只是顺便听了一下音乐。"

"那学韩语的事呢?难道高考要考韩语?"

"学韩语有什么不好?我又不是学坏!"

"可是现在你要准备高考啊,考上了大学,有的是机会学韩语。"

"要是考上大学也没机会学呢?"

我不想再跟她争辩了,说:"要是高考考不好,你就等着哭吧。"

我知道女儿进入高中后,她其实还是挺在乎学习成绩的,每次考试都想考个好分数。

每次考完试,学校都会把分数发到家长的手机上。见她考得不好,我就着急。"你原本可以考得更好呀!"我在心里想着,却没有说出口,怕增加她的心理负担。

现在,她似乎看出了我的想法,在电话里说:"你是不是不敢听坏消息了?"

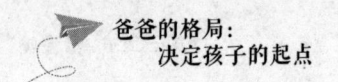

我说:"别卖关子了,说吧,是不是数学又考砸了?"

果然,她说:"你猜对了,这一次数学又没及格。"

上高中后,她的数学尤其不好,物理、化学也不好,可是她偏偏选了理科。

当初分科的时候,她征求我的意见。我没硬性规定让她选什么,只分析了两科的优缺点,最后她选了理科。我感觉出来了,她以为我的意思是让她选理科。选了理科之后,她学起来更吃力,数理化常常不及格。

我说:"意料之中,尽力了就好。"说完,我心里却有一点儿遗憾,为什么会这样呢?她为什么不多考一点儿分数?

她嘿嘿一笑:"那么,我再告诉你一个好消息吧。"

我问:"什么好消息?"

"好消息就是:以后我会好好努力,争取考个好成绩。"然后她又说,"爸爸你别担心啊,真的,这一次我决定努力学习了。"

女儿每一次打电话告诉我成绩,都免不了要安慰我一下,仿佛考得不好的并不是她,而是我:她打电话给我,仿佛是为了安慰我。

◎ 女儿打来的电话

那时候,女儿在市一中读高一。

"喂,爸爸。"

她打电话给我,声音有时高亢,有时压抑,有时欣喜,有时忧郁,更多的时候是平静,恍若她就坐在我旁边,不经意地跟我说了句什么。而说话的目的,无非是想打破沉寂的空气。

我便跟她说话,说一些毫无意义的拟声词,说一些没用的话。她似乎也渐渐习惯了这种气氛,很多时候她打电话来,并不告诉我发生了什么事,或者需要我解决什么。因为并未发生什么事,她也没什么需要我解决的,她只是单纯地想给我打个电话。

去市一中读书,我给她买了一部手机,我说:"有什么事,就给我打电话。"她于是中午打,晚上也打。她会说起她在学校的见闻,各种新鲜事、高兴事、烦心事,就

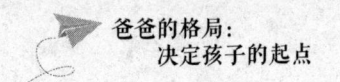

如同从前她还在我身边的时候一样。

给我打完电话,她又接着给她妈妈打。我知道她还不习惯离开我们,还不习惯新学校的生活,她只是想家了。因此,她的电话一挂,我和妻子的心就晃呀晃的,总有那么一点儿说不出的担心。

"爸爸,学校禁止学生用手机了。"有一天晚上,她打电话告诉我。

要是她不能用手机,她找我或者我找她就没那么方便了,我有点儿担心,问她:"那你怎么办呀?"

"我不交上去,悄悄藏起来用。"电话那头传来她狡黠的笑声。

"老师应该知道你有手机,不是那么好骗吧?"

"男生更狡猾呢,老师让上交手机,他们就花50元买一部旧手机交上去,把自己的手机悄悄藏起来用。我倒不用那么干,因为据我所知,老师还不知道我有手机。"她说。

学校禁止用手机后,女儿给我打电话的频率低了,有时候两三天才打一回。

有时,她打电话来,语气异常兴奋:"爸爸,我的英语考了班级第二呢!"

有时,她打电话来,语气垂头丧气:"爸爸,我觉得化学老师虽然教得好，可是我们一次化学实验都没有做过，你说这种化学课学了有什么用？"

有时，她打电话来，语气满是关切："爸爸，要开家长会了，要是你忙来不了的话，可以打电话给老师请假。"

有时，她打电话来，语气满是无奈："爸爸，我想参加学校的舞蹈队，可是进不去，他们的要求太高了！"

有一回，她打电话来，是借别人的手机打的："爸爸，我的手机被班主任没收了，怎么办呀？"

我说："我重新给你买。"

还有一回，她突然在电话里哭起来："爸爸，我不想在这所学校读了，我要转学！"

我问她是怎么回事，她说："我觉得老师一点儿也不喜欢我，甚至故意刁难我，我在这所学校再也待不下去了！"

我赶紧安慰她，像知心哥哥一样。市一中里高手如云，跟同学相比，她曾经在学习上的优势已不再是优势，老师忽略了她，她不再有优越感了。其实，我知道她并不是真的要转学，她只是觉得自己受了委屈，需要倾诉。

安慰完她，我说："儿子，你瞧，我是不是特别像一个心理医生？"表示特别亲昵的时候，我喜欢称呼她"儿子"。

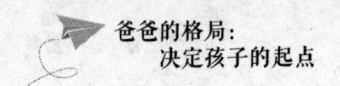

她说:"臭美!"

因为有电话,我感觉女儿一直都在我身边。

到了高二,要分科,学习也更紧张,周末开始补课了,女儿一个星期只能休息一天。她依旧会给我打电话,只不过次数越来越少,有时一个星期只有一次。

在电话里,我也像从前一样,说的少、听的多,偶尔也会告诉她一些家里的高兴事。

我的生活平静如水,并无什么波澜。而工作上的事情,那些无奈、那些委屈,我又不愿意告诉她,所以便无话可说。

有时想打个电话给她,听听她的声音,又担心打扰她的学习,电话号码被我翻了翻,又放下了手机。于是,我越来越习惯沉默。

某段时间,她一直没有给我打电话。那天晚上,她终于打来了,一开口,她的声音里就充满了火药味:"爸爸,就算你不想我,隔三岔五你也应该给我打个电话呀,怎么老是我打给你呢?"

我握着手机,心里突然波涛翻滚。

◎ 温暖的声音

女儿要去上海上大学了,我说:"儿子,你还没走,我就开始想你了。"

她说:"嗯,我知道了。"

她知道我是在跟她贫嘴,但她不知道,我的确从心里舍不得她走。

别说去上海,就是从前她去市里读高中,我一个人在家里也感到特别不习惯。那时候,每天下班回到家,我失魂落魄似的站在冷冷清清的厨房里,胃口全无,有时做好了饭,就算勉强吃一点儿也索然无味。

我在屋里东张西望,耳边似乎还回响着她每次回家都要说的那句话:"爸爸,我回来了!"

我们住的出租房在县城的城乡接合部,那段路很泥泞,要经过没有护栏的河边,而河边更有一个垃圾堆,常常有野狗在那里觅食。之所以选择住在那里,一是因为离

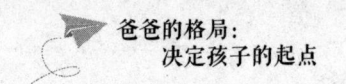

学校近，房租也不贵，二是对于我和女儿来说，它比我们之前生活的那个小镇的环境好多了。

妻子不在身边，我一个人照顾孩子，生活便在忙碌中度过了。上完课或处理完工作上的事，我从来不敢在学校里多待，匆匆跑去菜市场买菜再回家做饭。

如果时间很紧，比如早上课多，我会在下课的时候跑回家，淘米煮饭，再飞快跑回学校。那时，我感觉自己的身体里装着一台正在紧张运转的马达。

女儿放学回家，一到楼下的河堤上，她就会仰头朝出租房的窗口喊："爸爸，我回来了！"那时候，我通常还系着围裙在厨房里忙活，听到她的声音，我会丢下手里的活儿跑到窗边，伸出头去望。

我看见她背着书包，一路小跑着气喘吁吁的，便喊她："慢点儿！"

她并不放慢脚步，而是飞快地转过房角，咚咚咚地跑上楼，然后重复一句："爸爸，我回来了！"要是我不应她，她便会一再重复："爸爸，我回来了！"因此，我必须应她一声。

女儿进屋，把书包撂在椅子上，然后在饮水机里接大半杯水，咕咕咕地喝下去。我把饭菜在餐桌上摆好，女儿坐下来，一边吃，一边说着新近发生的事：语文测验、英语老师病了、数学老师做新发型了、某同学昨晚去网吧被班主任老师抓住罚站了、早晨同学甲和同学乙吵了一架……

女儿似乎要把这半天发生的一切都告诉我。我静静地听着,看她吃饭,偶尔插一句嘴,家里的空气变得无比温馨。我即使很累,心里也感到无比舒坦。

上八年级时,女儿转到县实验中学。那所学校离我们的住处比较远,女儿下了晚自习若要回家,通常情况下我会去接她。但也有例外,比如我也有晚自习辅导课。

女儿胆小,如果一个人回家,她会害怕。放学时有同学跟她同路,大家散步一般说说笑笑,倒也没什么;可是从大坝子到住处那段近500米的距离,她只能一个人走。

她心里畏惧,便大步流星加快速度。而这段路相对安静,路灯也常常不亮,尤其顺着河堤下来那段路,左边是黑暗的河流,右边是一排老旧无人的瓦房,女儿更是害怕得不得了,一上河堤就大喊:"爸爸,我回来了!"

她的声音很大,附近楼里的居民都能清晰地听到。听到女儿的声音,我忙跑到窗边,看见她小小的身影在奔跑着,心里感到无比温暖的同时,又忍不住有些酸楚。

我在楼上跟她说话,她仰起头望着我,呼吸急促地喊着:"爸爸,我回来了!"后来女儿告诉我,她在楼下大

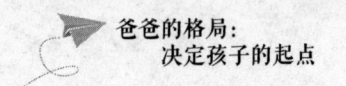

喊大叫跟我打招呼,其实是在给自己壮胆。一看到我把窗户打开露出头来,她便不害怕了。

如今,我们已经搬了家,女儿也从县城到市里再到上海读书,我们在一起的日子越来越少。偶尔,我耳边依旧会响起她稚嫩的声音:"爸爸,我回来了!"但我知道,那不过是多年前留下的回声。

◎ 一个"阴谋"

那个深夜,我正在电脑上写稿子,旁边的手机突然响起来,铃声一阵紧似一阵,仿佛在催促着什么。

不是我设置的电话铃声,而是一串奇怪的声音,像短信铃声,却又不太一样:我设置的短信铃声短促,只有"嘀"的一声;而此时手机里发出的铃声"嘀、嘀、嘀……"持续响了好一阵,仿佛汽车连续不断的喇叭声,把深夜的静谧搅得七零八乱,把我的思绪也搅乱了。

我从写作中回过神来,伸个懒腰,扭身拿起手机。

的确是短信，但不是一条，而是很多条。而且，看得出来它们几乎是在同一时刻发过来的。那些简单的汉字，竟如河岸决了堤，漫天河水汹涌而下，闯入我的手机。

最初我以为是手机中了毒，我拿着手机小心翼翼地打开。然而我的手机并没有中毒，那是一些短信，简单数了一下，大约有二三十条，是二三十个不同的手机号码发过来的。

而短信的内容大同小异，全是生日祝福：

"叔叔，祝您生日快乐。"

"叔叔，您老寿比南山。"

"叔叔，生日快乐，你一定是个好爸爸。"

我逐条翻看着，那些号码和文字在我面前变成了一张张可爱的笑脸。她们是那么陌生，也许我未曾见过，但她们是那么亲善，她们的祝福立刻温暖了我的心。

今天是我的生日吗？我看了一眼墙上的日历，果然是。我对自己的生日向来不怎么上心，很多时候迷迷糊糊就过去了，如果没有妻子或母亲提醒，我常常会忘记，没想到在这深夜时分有人送来祝福。

没什么悬念，看完两三条短信，我就猜出是谁送出的生日祝福：肯定是女儿在捣鬼。

而且，就在我翻看完所有的祝福短信后不到一分钟，

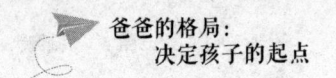

女儿的短信也发过来了，证实我的猜测没有错。

"爸爸，生日快乐。"她说。我仿佛看到了她调皮的笑。我喜欢她那样的笑，纯洁、干净，又带着那么一点儿狡黠。我也忍不住笑了，这个疯丫头。

我看了看时间，零点过三分。

我没想到女儿居然记得我的生日。女儿在市里读高中，学习很紧张，若是以往，她应该已经躺在床上睡着了，可是此时她显然没有睡，她在给我发短信。不仅她没有睡，她宿舍和隔壁宿舍的同学显然也没有睡，她们在玩一个游戏。

我猜得出女儿的意图，她是想给我一个特别的生日祝福，一份特别的惊喜。

而且，我想象得出刚刚发生的一幕：她请同学和好友编辑好生日祝福语，然后要她们在零点来临的时候同时发出来。那时候，女生宿舍楼显然已经夜阑人静，而女儿穿梭在相邻的几个宿舍之间，一个一个地嘱咐，然后统一发号施令，于是，这一场由她精心策划的"阴谋"，像烟花一样在零点时分绽放开来，照亮了宁静的夜空，也照亮了我的心。

我打电话给女儿，我想告诉她，所有的祝福我都已经收到了。

"这么晚了,还不睡!"电话接通,我假装严厉地说。

我还想跟她说很多话,可是我只对她说了这一句就挂了电话。然后我起身,站在窗边凝视着满天星斗,鼻子酸酸的,幸福溢满心头。

◎ 她把手机摔了

寒假里的一天中午,刚吃完晚饭,女儿就软塌塌地仰躺在沙发上,用抱枕捂住脸。

妻子在收拾碗筷,扭头瞥了女儿一眼,不满地说:"怎么刚吃完饭就开始玩手机,你不能消停一下吗?"

妻子想当然地认为女儿在玩手机,因为那段时间,女儿一直手机不离手,吃饭时眼睛也盯着手机。但妻子责备她的时候,她并没有玩手机,她似乎只是在闭目养神,而手机放在脚边的茶几上。

妻子话音刚落,女儿突然翻身站起来,抓起茶几上的手机,说:"我哪里玩手机了?手机在这里呢!"说罢,

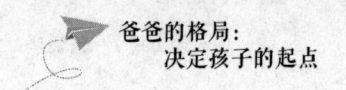

她一甩手,手里的手机飞了出去砸在地上。

哐啷一声,手机碎了。

我和妻子大吃一惊,这么多年来,我们从未见女儿发过如此大的脾气,现在为什么会这样?虽然我知道是妻子误会了她,而她最不能忍受的便是别人误会她,但仅仅是因为这个原因吗?

当然不是。

女儿逐渐成了手机控。她从初中开始就使用手机,高中时学校不准学生用手机,但我为了方便跟她联系,还是给她买了手机,叫她放在宿舍里。虽然她答应了,实际情况是,她曾在教室里被班主任和副校长没收过手机。

对于我的质询,她的理由很充分:她把手机带到教室,主要是方便用手机查询学习资料。

我相信她说的是事实,但那也并非全部的事实。最初,她也许只是用来查资料,但后来就不完全是了。手机上有很多吸引她的东西,她渐渐就沉溺其中了。她也知道自己出了状况,想要改变,可就是控制不住自己。

现在,她没有玩手机,而妻子的话激起了她内心繁复的情绪——她摔手机,既是表达自己对被误解的不满,又是对自己无法自控的宣泄。因为,只有不到四个月就要高考了,可是她的心里还没底。

那天下午,女儿摔了手机后,气冲冲地进了自己的房间,关了门,蒙头就睡。

我进去看了看,原本打算跟她说说话,缓和一下她们母女之间的关系,但想想还是算了,在这节骨眼上说再多的话恐怕也不会起作用。

看看妻子,她也闷闷不乐,泪水涟涟,显然女儿的行为也伤了她的心。

次日早上,两人的关系虽然缓和了一点儿,但几乎没有语言上的交流。我知道女儿明白自己昨天做得过火了,但她又是个倔强的孩子,心里想解释,嘴上却坚决不说;而妻子还在气头上,同样懒得跟她交流。于是,两人就这样僵持着,直到晚上我分别跟她们沟通后,她们的关系才逐渐恢复。

女儿摔了手机之后,仿佛变了个人似的,突然就专注于学习了。几天之后开学了,我问她还要不要用手机,她说这三个月决定不再用手机,她要好好学习,如果有什么事会用校园卡给我打电话。

"我下了决心,这几个月想好好学习。"她认真地说。

那是高三的最后一个学期。女儿果然不玩手机了,而是把更多的精力投入到了学习中。不久之后,全省第一次统一模拟考试下来,跟上学期期末相比,她竟然进步了

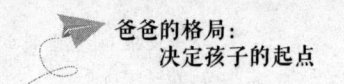

200多名。她对学习也更有信心了。

我告诉她，进步是明显的，但跟她最初的预期还有差距。虽然时间不多了，但高考的时候多一分便会多一点儿选择的余地，所以她还要继续努力。

"其实你是很聪明的。"我给她打气。

"我争取在高考的时候，冲到年级前200名。"她信心百倍。

我想，女儿的这种想法虽然美好但不切实际，毕竟只有两个月的时间了，她在努力，可是她的同学也在努力。我说："我不在乎你考多少名，只要你努力了，就一定会有进步。"

"我一定会努力的。"她也给自己打气。

◎ 诉说与倾听

高考结束那天下午，女儿班上组织聚餐，聚餐之后全班又去K歌。

我和妻子住在宾馆里等女儿,按之前的约定,她在活动结束后就来找我们。

我估计她会回来得很晚,有点儿不放心,但那毕竟是她高中阶段跟老师和同学的最后一次聚会,因此我只简单提醒了她一下,比如要多跟老师和同学说说话,可以放松一下但不能放纵。最后我说:"无论你玩多晚,都记得要给我打电话,到时候我去接你。"

我以为她会玩到午夜两三点,没想到才十一点多她就回来了。当时很多同学都散了,有几个同学跟她一个方向,她觉得没必要让我去接,就自己回宾馆了。

之前我在网上看过一条新闻,说是有很多孩子高考之后回家趴在床上就睡,有的甚至要睡好几天。

我知道女儿是个没心没肺的人,偶尔的紧张可能会有,但紧张得吃不好、睡不好这种事情她还做不出来,因此,高考前寝食难安、高考后沉睡如泥这种情况在她身上不大可能会发生。而且据她透露,考语文的时候她有点儿疲倦,就在考场上小睡了一会儿——一个敢在高考考场上睡觉的人,肯定没有什么压力。

女儿回到了宾馆,或许是因为卸下心理包袱后的轻松,或许是因为跟老师和同学分别后的惆怅,或许是因为即将面对未知的人生,平常爱睡觉的她竟然一点儿睡意也

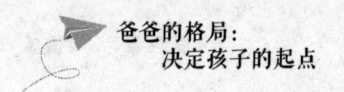

没有了。

我催她赶紧睡,她却缠着我东拉西扯,因此我们一直聊到凌晨三点多。我虽然有点儿困,却也乐得跟她说说话。说是聊,但大多是她说,我听,偶尔我才插一句说说自己的理解和想法。

女儿谈起了她的高中三年。她这三年的生活轮廓虽然我很熟悉,却也有一些旁枝末节并不为我所知。她谈起老师同学、人生理想、为人处世,谈起她的性格、她的追求、她的未来、她的困惑,以及那些藏在她内心深处从未向别人吐露过的小秘密。

她不停地说话,仿佛是急于对我倾诉。显然,从她说话的内容上看,她已经是一个高中毕业生了,但她说话的语气和表情却又显得幼稚,依旧像多年前缠着我给她讲故事的那个小女孩。

她心里有很多困惑,趴在床上每说完一段,然后会仰着头认真地问我:"爸爸,你说我该怎么办?"

其实,她并不是要问我,因为她也知道我没有答案——她才十六岁,她问的是她十六岁之后的事情。对于她的未来,我曾无数次猜测过,可是,有谁能够预知一个孩子的未来呢?

起初,我也跟女儿一样趴在床上说话,后来我们都坐了起来，面对面说着。我看着她的脸，她说得非常认真，但又很随意。在她面前，我乐意充当父亲和朋友的双重角色。

我想起十多年来我们一起走过的日子。我们无话不说，有时候她告诫我："爸爸，你不能告诉别人，要是你说了，我就不理你了。"有时候她会说："爸爸，这个秘密我不能告诉你。"有时候她说："爸爸，我想了想，这件事情还是应该告诉你。"

她是个任性、肆意的孩子，从不在我面前掩饰她的想法和情绪。有时她在学校，我在家里，她打电话给我什么也不说，只一个劲地哭。哭完了，她说："爸爸，没什么事，我只是突然心情不好，现在我好了，再见。"

那晚女儿跟我说了很多话。夜太深，妻子已经睡着了，女儿坐在她妈妈旁边，喋喋不休。起初，她坐着，然后趴下来。趴够了，她又坐起来。最后，她躺在她妈妈身边。

她说："爸爸，我们别吵着妈妈。"然后她马上降低音量，可是说到激动处，她的声音又立即高了上去。渐渐地，她说话的声音终于越来越小，语速也越来越慢，之后渐停渐止，只剩下轻微的呼吸声。

女儿终于睡着了，而我躺在床上一点儿睡意也没有。

第四章 太匆匆

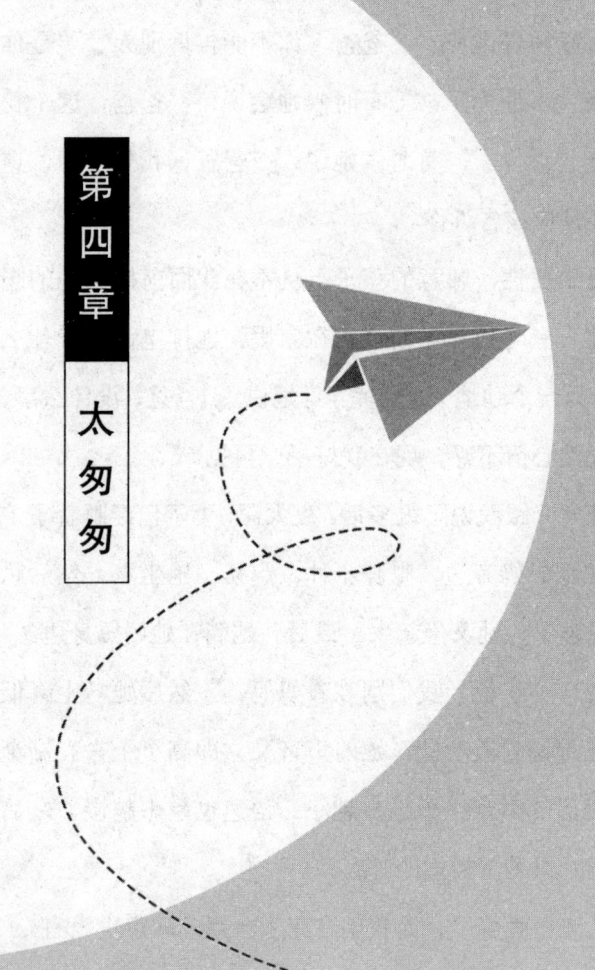

◎ 每一天都是剩下的日子

我曾想,对于当父母的人来说,怎样才算是幸福?

幸福呈现出来的方式有若干种,但我以为有一种方式最简单、最直接也最接近动物性,那就是:陪伴。当父母的,自然不会愚昧到让孩子在自己身边生活一辈子,但必定会珍惜跟孩子生活的每一天。

女儿读大学后,我曾掰着手指头,计算着我与女儿在一起的日子。

十三岁之前,她一直跟我生活在一起,我见证了她从一个婴儿成长为花样少女的过程,我甚至没有漏掉其中任何一个重要的细节。

现在回想起来,那真是一段无比幸福的日子。

十四岁到十六岁,她在市里读高中。除掉正常上课和寒暑假的补课时间,她一年大约有两个月在家,算下来,三年之中只有六个月跟我在一起。其他时间,她偶尔也回

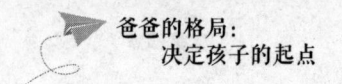

家，但时间太少了，几乎可以忽略不计。

现在她已经上大学了，大学期间她若是每个假期都能回家，每个假期如果有两个月，八个假期就有16个月在家里。

事实上不可能，并非每个假期都那么长，而且总有一些假期她要出去做义工、支教、打假期工，不会回家。给她减掉两个假期，就算剩下的时间有12个月吧，也就是一年。

假期里，她就算回来也不一定都在家，她还会去另外一些地方待一些时间，暂且也忽略不计。

大学毕业后，按照计划她要继续求学，姑且就读到硕士吧，一般是三年，三年里她回家的总时间应该也不会超过一年。

研究生读完了，她决计不会回我们的小县城工作，而要在外面工作，一年里回家的时间最多也就两三次，一次最多也就一个星期，要是短一点儿也许就一两天。如果一年加起来有半个月，那么需要24年，她回家的时间加起来才会有一年。

现在让我来统计一下结果。女儿在高中之前跟我在一起的时间是13年，已经过去的就不提了；大学到研究生阶段，在家的时间估算两年；而从她工作以后到我退休，我们在一起的时间算起来大约也不会超过两年。

虽然不排除我退休之后会跟她一起生活，但这种可能性极其小，因此暂且排除掉。而且，我还必须做好思想准备，她参加工作后，将会利用我计算的这些时间的一部分去学习进修、旅游观光、加班挣钱、访亲会友……所谓的两年时间，其实还得打上个七八折。

也就是说，按照我的算法，我这辈子大约能够跟女儿在一起的时间不过十六七年，而现在余下的时间只剩下三四年了。

原来，时间竟过去的这么快，我已经挥霍了与女儿在一起的绝大部分日子。而无论余下的时间多不多，它们还在一天天地减少。

有时我以为，随着女儿不断长大，我们会越来越幸福；有时我以为，幸福离我还很遥远。想不到过去的那些年，竟然才是我最美好、最幸福的时光。

每当看见女儿离开家后，妻子进入她的房间，把床上用品收拾起来放进衣柜的情景，我的内心就感到无比惆怅。以后，我们和女儿在一起的时光将一点点地减少。

如果父母是树，孩子就是种子，种子落在什么地方生根发芽，那得听风的旨意。而树呢，除了守望与等待，便是无尽的回忆与惆怅。

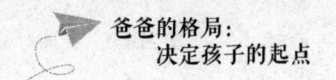

记得女儿小学毕业那一年，我曾打算让她去市里那所著名的寄宿制初中读书。当时我的一个朋友知道了，便劝我："孩子读初中，跟你生活在一起是多么幸福的一件事啊，何必让她离开呢？"

那个朋友大学毕业后便远离家乡工作，一年难得有与父母在一起的时间，跟我说这些话的时候，她的母亲刚刚死于癌症。

当时我对她的话不以为然，一门心思想让女儿去那所学校读书。结果，女儿没考上，我只好垂头丧气地让她在我身边的学校就读。

那时我觉得自己是多么没本事，对不起女儿。可是现在回头来看，那却是老天给我的恩赐，让我见证了女儿成长中最重要的三年。

幸福的日子就像抓在手中的细沙，每漏掉一粒就会少去一粒。

每一天，我们过的都是自己剩下的日子。人世无常，跟女儿在一起的余下日子，我得攥紧点儿，再紧一点儿。

◎ 爸爸这个角色

妻子常常抱怨说，当妈妈的太辛苦，单是生孩子就已经让人生不如死，而照顾孩子的吃喝拉撒更是让人崩溃。总之，妈妈这项工作，伤身又劳神。

我当然理解妻子，可是，谁又理解当爸爸的我呢？

女儿很小的时候，就认为爸爸和妈妈的"使用方法"不一样。妈妈解决的是生活上的小事，比如吃什么、穿什么就应该问妈妈。而很多"大事"，只有爸爸才能解决，比如有人欺负她，我这个当爸爸的就是惩恶扬善的不二人选；《奥特曼》里的怪兽出现了，只有我这个当爸爸的出面才能摆平。

她上学后，在学习上遇到困难、生活中有了什么困惑，一般情况下都会问我。在她看来，没有我不会做的题，没有我不知道的事，没有我不能解决的问题。

女儿认为我无所不能，天不怕地不怕。其实，我害怕

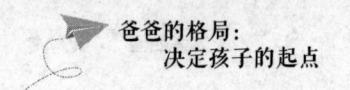

的东西有很多，比如我怕蛇、怕蜘蛛、怕蝎子、怕蜈蚣、怕毛毛虫、怕蟑螂……甚至连蚂蚁也怕，即使看到它们的图片，我心里也会恶心、犯怵。可是在女儿面前，我得装作什么都不怕。

女儿上初中时，我们租住在县城的郊区。房子前是一大片杂草丛生的废墟，那里堪称虫子的天堂，常有各种虫子在跳跃。有时它们叫起来发出各种各样的声响，叫声倒也悦耳。

但我不敢往草丛里去，生怕踩着蛇或癞蛤蟆什么的。要是晚上从那里经过，我会不由自主地联想起鲁迅笔下百草园里的美女蛇，浑身便不由得冷飕飕的。

有一天，我和女儿一起下楼，还没到楼下就发现一条菜花蛇盘踞在楼梯口，挡住了我们的去路。那时女儿走在前面，我走在后面，看见那条蛇，她尖叫了一声，慌忙躲在我身后，双手死死地抓着我，全身战栗着。

我也被吓坏了，可我不能像女儿一样尖叫，于是调整呼吸，拉着她后退了几步，让她站在我后面，然后我顺手抓了一根木棒，眯着眼睛，咬紧牙关，冲着那条蛇挑过去。一阵混战之后，那条蛇被我赶走了。

我停下手，全身直冒冷汗，连手背上也起了鸡皮疙瘩。而女儿远远地看着我，满是敬佩之色。

还有一天晚上,我去学校接女儿。到出租房后,我们噔噔噔地爬上楼,我正摸出钥匙要开门,幢幢灯影中,突然发现一只巨大的蜘蛛蹲在我们面前。

我敢保证,那是我这辈子见过最大的蜘蛛。那是一只褐色的蜘蛛,腿特别长,身上长满了恐怖的绒毛,一对大眼珠咄咄逼人。

女儿也看见了那只蜘蛛,她尖叫着紧紧地抓住我的臂膀,把我都掐疼了。

"没事,看我怎么收拾它!"我咬着牙说。

我假装镇定地从角落里抓起一根木棍,掀了一下那只蜘蛛。蜘蛛像陀螺一样滚了几下,装死。

我叫女儿退到一边,然后抡起木棍往蜘蛛身上敲打,直到把它打成肉泥。

我在打蛇和蜘蛛的时候,女儿显然以为我是不怕它们的;而在她面前,我自然也不能表现出惧怕的样子。没办法,既然当了爸爸,就算是一无所能也必须无所不能;就算胆怯,也必须站直身子挺起腰,做一个顶天立地的英雄好汉。

所以说,当爸爸也不是一件容易的事情。

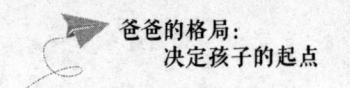

◎ 压岁钱的命运

年年岁岁花相似。小孩子最喜欢过年,因为过年可以收到压岁钱。

我们兄弟姐妹这一辈,每家都有孩子,加起来有十几个,算得上是人丁兴旺。一过年,孩子们就等着大人发压岁钱。我们发的压岁钱不多,多的每人发一两百元,少的发十几元,无非是表个心意。因此,过个年,每个孩子都能收到几百元压岁钱。

孩子们想要压岁钱的心情是急切的,起初是等,到后来就逐个计算,看还有谁没发。要是谁迟迟按兵不动,他们会围过去,口中齐喊:"压岁钱!压岁钱!"不给钱,你就脱不了身。

因此,给孩子发压岁钱,也算是过年的一乐。

孩子们得到压岁钱后,有的自己保管,有的也请长辈代管。精明的孩子不会让自己的父母保管,因为他们明白,压岁钱一旦落入父母手中,很可能会石沉大海。他们明白,爷爷奶奶才是最好的保险柜,他们更愿意请爷爷奶奶保管。

女儿对钱不是特别敏感,在她看来,发压岁钱就是一个游戏,而她感兴趣的是这个游戏的过程,不是压岁钱本身。

她的压岁钱最初是让我或她妈妈保管,后来长大了点就自己保管。我们替她保管压岁钱是真的保管,钱是她的,她什么时候想拿走都行,我们从来不会限制。而她自己保管的时候,放在哪儿、怎么花,我们也不过问。

孩子们收到压岁钱,很能兴奋一阵子。有时开学早,那种兴奋便会延伸到学校里。孩子们叽叽喳喳,在教室里晒各自的压岁钱:爷爷奶奶给多少,外公外婆给多少,父母给多少,姑姑叔叔给多少,舅舅姨娘给多少……一晒,有的得到几十元,有的得到几百元,有的得到几千元。收获几千元的孩子,扬扬得意,仿佛比同学高了半截。

女儿收获了几百元,在全班处于中等水平。跟只得到几十元的同学相比,她自我感觉良好,可是跟收获几千元压岁钱的"土豪"相比,她又有失落感。

放学回家,她跟我们谈起同学们的压岁钱,言谈中流露出对那些"土豪"的羡慕之情。

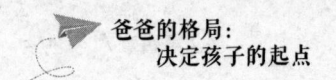

我说:"要是你真想要,我也可以给你很多啊,比如2000元。"

她摇摇头。显然,她并不是真的想要钱,她只是羡慕别人。

我问她:"今年过年,你奶奶给了你5元压岁钱,而你伯伯给了你100元。那你告诉我,他们两人你爱谁更多一点儿?"

"我一样爱他们。"她说。

"那你觉得他们两人之中谁更爱你呢?"

"他们都一样爱我啊。"

"这就对了。"我说,"大人给孩子压岁钱是爱的表达,但爱的分量都是一样的,不能以钱多钱少来衡量。"

道理,她当然懂,可她还是在心里羡慕那些"土豪"。

我说:"你的压岁钱是属于你的,我们一分钱也不要。可是,我很担心你那些得了很多压岁钱的同学,我预感到那些钱会被他们的爸爸妈妈收回去,最后他们什么也没有。"

"为什么?"

"因为他们还不具备支配那么多钱的能力啊!"

女儿将信将疑。果然,没过几天,那几个"土豪"就垂头丧气地宣布,他们的压岁钱被爸爸妈妈以各种名义收回去了,他们白高兴了一场。

我对女儿说:"要是你收到几千元的压岁钱,你跟他们也是同样的命运,因为我也不放心你手里攥着那么多钱。"

"哼!"她用鼻子哼了一声,一脸的不屑,但我看得出她心里的得意。

她的压岁钱已经花得差不多了,她用来买书、买文具、买零食。有时,她跟着我们去菜市场,也会主动拿出自己的压岁钱来买菜,享受着花钱带来的快乐。

◎ 带女儿去网吧

班主任把几个半夜偷偷跑去网吧的男生揪到讲台上训话。

"写检查,叫你们的家长来找我!"班主任威风凛凛,仿佛警察抓到了小偷一样。

女儿在家里也上网,主要就是看看动画片,听听音乐,

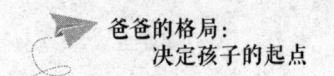

用 QQ 跟同学聊聊天，或者查资料。她不觉得上网有什么不好，那些男生也无非就是喜欢打游戏，可是为什么大人可以打游戏，孩子就不可以？

而且，为什么要规定成年人才可以进网吧？既然是成年人，就能挣钱买电脑了，也就是说成年人根本没必要去网吧上网。而学生恰好相反，他们没有钱，买不起电脑，当然只有去网吧上网，可为什么反倒不准他们去呢？

那时候女儿才十一岁，她问我这些问题，可我不知道该怎么给她解释。想了一下，于是我说："这样吧，我带你去网吧玩玩。"

她说："我知道网吧是什么样子。"

她的确知道，小学时她的一个同学家里开黑网吧，十来台电脑，躲在一间背阴的屋子里，里面全是中学生和小学生在玩游戏。她去同学家玩的时候，见过那间黑网吧，她并不觉得那里有什么好玩的。

我说："那算不上是真正的网吧，周末我带你去正规的网吧。"

她有点儿吃惊："真的？"

我说："反正是周末，让你轻松一下，也让你见识一下。"

她犹豫了一下："可是，被老师知道了怎么办？"

我说:"没事,谁也没规定家长不能带孩子去网吧。"

一个周末的晚上,我和妻子带着女儿去了县城的一家网吧。网吧虽然有禁止未成年人入内的规定,可县城里的网吧几乎都不遵守这个规定,何况女儿是大人带去的。

我们进了网吧,我用身份证登好记,打开一台电脑,让女儿在电脑前坐下。网吧里灯光昏暗,人很多,吵吵嚷嚷的,烟雾弥漫,空气混浊。上网的人都戴着耳机,有玩游戏的,有网聊的,有看剧的,有浏览网页的,有什么也不干趴在电脑桌上睡觉的。

毕竟是第一次进网吧,女儿显得很兴奋,四处东张西望。我对她说:"你想玩多久就玩多久,不想玩了就打电话告诉我,我们一起回家。"

然后,我和妻子离开了网吧。我们在街上闲逛,心里也没底,不知道她会在里面玩多久。可是我们才出网吧一个小时,女儿就打电话给我,说她想回家了。

我们到网吧时,她早已站在门口,看她的样子似乎有点儿垂头丧气。回家的路上,我说现在还早,为什么不再玩一会儿。她说:"网吧里的人大都穿着奇装异服,头发怪异,满嘴脏话,看上去就像坏人一样。而且好多人都在抽烟,混浊的空气让人受不了。"

"我觉得网吧里面的人好奇怪。"她说。我笑笑,没

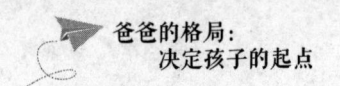

说什么，我们一起回了家。

后来，女儿所在的班级依旧常常有同学去网吧被老师抓住，那些没进过网吧的同学也都先后去过了网吧，而且有的从此爱上了网吧。但女儿对网吧还是没有什么兴趣。

高中时，她也和同学去过几次网吧，在里面听音乐，下载电影，看韩剧、美剧。据说有一次，她还跟同学在网吧玩了一个通宵。

不过，她并没觉得网吧里有多好玩。她之所以会跟同学去，无非是抱着从众的心理，就像跟别人逛街一样，同伴进了一家店，她并不喜欢那家店，但还是会进去逛一圈，如此而已。

◎ 十二岁的生日礼物

女儿十二岁那年，我决定送她一份生日礼物。

送什么好呢？女儿特别喜欢读书，送几本书估计她会很高兴，可是这也太稀松平常了。

我想起她喜欢的杂志《儿童文学》和《少年文艺》。在我看来，十二岁之前她还属于儿童，而过了十二岁就可以算是少女了，因此我希望能够在《少年文艺》上发表一篇文章，把刊载我文章的杂志送给她做生日礼物。

于是，那年春天，我开始写一篇儿童小说，小说里有两个主人公，一个是爸爸，一个是女儿。我还决定给小说里的小女孩也取名为李鱼儿。

小说写的是爱，那个爸爸是一名普通的矿工，而李鱼儿就是矿工爸爸的女儿。一场矿难发生了，女儿才真正体会到爸爸在她的心里不可或缺。她经历了内心的痛苦煎熬，也目睹了爸爸舍己救人、舍生忘死的壮举。

因为救人，爸爸成了英雄，上了电视。爸爸说，他虽然是一名矿工，成天黑不溜秋的，但他很爱自己的女儿，他要把女儿打扮得像公主一样漂亮。

小说写完之后，我找到《少年文艺》杂志的邮箱，把稿子投递了出去。

似乎是老天有意要成全这份生日祝福，当天晚上我投递过去，第二天就收到了副主编田俊老师的回信。她说读完之后很是欣赏，决定把《矿工的女儿》这篇小说发在刊物的头条，并叫我写一段自荐语放在小说的开头。

我想起女儿，想起我和我父亲当年当矿工的经历，于

爸爸的格局：
　　决定孩子的起点

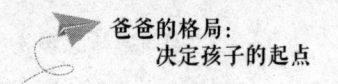

是写了下面这段话：

　　我十四岁辍学，在家乡的煤矿当矿工。

　　爸爸也是矿工，但他胆小，只背煤。家乡的煤矿没有瓦斯，最容易发生的事故是冒顶和透水。由于山体不稳，又常下雨，冒顶是常事。

　　矿区的矿道在山腹里星罗棋布，很多废弃不用，里面积满水，如果不小心挖穿了发生透水，非常危险。爸爸怕进矿井，可是我复学后，为了挣更多钱供我读书，他终于还是进矿井当了一名采煤工人，直到我毕业。

　　现在我是一名教师。我的女儿叫李鱼儿，一个喜欢文字、喜欢幻想的孩子，我们常常一起编故事。我承诺过她，要送她一件特别的礼物。

　　这篇《矿工的女儿》就是我送给她的礼物，我把她的名字写了进去，我是要告诉她，每一个爸爸妈妈都深爱自己的孩子。

　　田老师打算把小说发表在当年的第四期。她打电话告诉我的时候，我说："田老师，能发在第十期吗？"她问我为什么，我说："这是我打算用来送给女儿的生日礼物。女儿的生日在十二月，要是发表在十月份，估计编辑部十一月初会寄出,我最迟在十一月末就能收到样刊。这样的话,我给女儿的生日礼物不仅是特别的,而且是新鲜的。"田老师答应了我的请求。

我们家里订有《少年文艺》杂志,但我没有告诉女儿在杂志上发表小说的事,我想给她一个意外惊喜。

我还记得在她生日的那天,她看到那篇小说时满脸惊奇的表情。

当时我把杂志随手扔在桌上,女儿看见新杂志来了,马上翻看起来。当她看到那篇《矿工的女儿》,再看到页面上印有我的名字和照片,马上尖叫起来:"爸爸,看,有你的文章呢!"

我假装镇定地说:"我已经看见了,这是我送给你的生日礼物啊,你看看吧。"她迅速读起来,一边读一边尖叫:"爸爸,你居然写我,居然把我的名字写进了小说里!"

收到这份特殊的生日礼物,女儿非常高兴。后来,那篇小说被一家我很喜欢的刊物转载,还获得了第六届全煤系统文学乌金奖。

当我领回奖状、奖杯和奖金,女儿捧着奖杯,要我给她拍照,喜悦的心情溢于言表。我知道,没有女儿就没有那篇小说,那是属于我和她共同的荣誉。

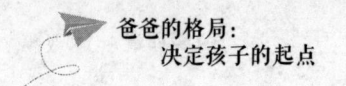

◎ 爸爸的心，海底的针

去市一中看女儿，当时她还没放学，我便在校门口等。

校门口是一排整齐的橱窗，里面张贴着各种内容的光荣榜。我把那些名字逐个读了一遍，没看见女儿的名字，心里便生出小小的遗憾：怎么没有她的名字？这孩子是不是没有从前优秀了？

放学铃声响了，女儿出了教学楼朝我小跑过来。已经一个月不见了，可是她看上去一点儿也没有长高，心里的失落感又滋长出来：正是长身体的年龄呢，我以为她又长高了，至少会长高那么一点点。

曾经，她似乎是那么完美。

那时大家都说她长得很好看，我也觉得她好看。婴孩时的她，白皙的皮肤，圆圆的脑袋，圆圆的脸，圆圆的眼睛。她吃奶的样子很好看，她打呵欠的样子很好看，她笑起来的样子很好看，甚至她哭的样子也很好看……

然后,她读书了,背个小书包,走起路来小辫子在头上一漾一漾的。她依旧那么好看,说不出是怎样的好看,反正只要一看到她,我心里就无比欢喜。

她的表现也常常令我惊喜。比如,她知冷知热,懂得体贴父母;她热爱劳动,经常做家务;她小小年纪就读过那么多课外书,懂各种各样的知识;她考试总考高分,经常被老师和同学夸奖;她唱歌、朗诵、演讲、舞蹈什么都会,只要她参加比赛就得奖,还经常得第一;她非常懂礼貌、热情、大方,凡认识她的大人都夸她,接触过她的小朋友都喜欢跟她玩……

她简直就是一个人见人爱的小公主,仿佛她来到这个世界上就是专给别人当榜样的。于是,我忍不住想:这孩子,长大后不知道会优秀成什么样子!

她渐渐长大了,从婴儿长成幼儿,从小姑娘长成少女。她依旧那么可爱,可我总觉得她长得不够高,不够漂亮;她的成绩还算不错,可是跟学霸相比,她还只是个中等生;她当然不笨,但我渐渐发觉她只是平常人,她的智商并不出众,她努力了,可有时努力跟收获并不成正比;而且,她还有很多缺点:虚荣心强,爱发脾气,直性子,易激动,健忘……

我站在学校门口,等她从里面出来。她混在那些孩子

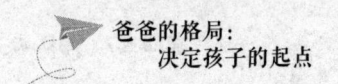

中间多普通啊，并不鹤立鸡群，要不是努力搜寻，我甚至认不出在那么多孩子中谁才是她。

直到她走近了，我才认出她、看清楚她：原来，她跟别的孩子一样，并没有什么特别之处啊。但之前，到底是什么蒙住了我的眼睛？

当她拿着第一名的奖状回家的时候，我自信满满，心想，这孩子一定能考上清华北大，当个科学家；听着她清脆响亮的歌声，我便想，这孩子长大了准是个歌唱家；看见她字正腔圆地站在台上参加演讲比赛，我就想，这孩子长大了肯定是个播音员；看见她听着音乐、看着电视居然就编出了一段舞蹈，我便想，这孩子准是个天生的舞蹈家……

可是，她渐渐长大了，生活的环境也变了，跟身边的人相比，她似乎没有什么优势了。她不再特别，不再出众，逐渐归于平凡。而我的心里，失落感也跟着潜滋暗长了。

然而，她并不知道我的心思，她朝我小跑过来，口中高喊着"爸爸"，然后她伸过一只手挽着我的胳膊，我们并行在校园里。

她跟我说起话来叽叽喳喳，说的是一些关于她学习或生活上的事，一些跟她没有一点儿关系的事。仿佛，那些话她存储了很久，现在要一股脑儿倒给我。

我侧过脸去看着她。她也看着我,一脸的阳光。她似乎还是从前的她,一点儿也没有变,可是,刚才我为什么就失落了呢?

◎ 礼物背后的秘密

"爸爸,我好羡慕我的好多同学啊,她们常常会收到快递员送来的礼物。"女儿在电话里跟我唠叨。

"谁寄给她们的呀?"我问她。

"她们的哥哥姐姐。"

"我也可以给你寄啊,要不我现在就给你寄吧,你喜欢什么?"

"你寄的不一样,你是我爸爸。"

"你已经读高中了,不能那么虚荣。"

"我偏要那么虚荣!"

"可是,我又不能给你变出一个哥哥或者姐姐出来,让他们送礼物给你。"

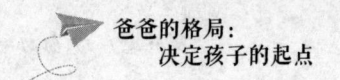

"我就是要你变,你变呀,变出来啊!"

"好吧,我变。"

我对读大学的侄女说:"你妹妹好想收到哥哥姐姐送她的礼物,可是她没有亲哥哥亲姐姐,你说怎么办呀?"

"我就是她的亲姐姐呀,我送给她吧。"于是,侄女买了一个书包。

女儿收到书包高兴极了,兴奋地打电话给我:"爸爸,我收到一个快递,是姐姐送给我的书包!"

我说:"你姐姐对你真好啊。"

"当然,她是我姐姐!"

侄女放假了,特意在市里下车,去市一中找她。

"这是我姐姐!"女儿兴奋地给她的室友介绍。

侄女的名字叫玉婷。这个名字是我取的,取"亭亭玉立"之意,她果真也人如其名,长得亭亭玉立,女儿有这样一个姐姐自然拿得出手。侄女请女儿和她室友吃饭,带她们出去玩,把女儿乐坏了。

"你们说,我姐姐是不是很漂亮?"侄女走后,她得意地向室友炫耀。

侄女回来后,向我邀功:"为了给妹妹挣面子,我可是花了血本!"

"好姐姐!"我对她竖起大拇指。

不久后的一天,我跟浪浪谈起我女儿。浪浪之前也当老师,辞职后在昆明开服装店,她是我的学生又是我的朋友,跟我女儿的关系也很好。

我说:"近期我发现她似乎有点儿孤独,有点儿失落,看得出来她需要有人在意她。你跟她关系不错,有空跟她聊聊嘛。"

然后我又说:"要不,你送点儿小礼物给她吧。"

"她喜欢什么?我送给她。"

女儿喜欢什么呢?其实她对礼物没有什么要求,她喜欢的是别人送她礼物的那份情谊和收到礼物的那种感觉。

我开玩笑说:"她喜欢韩国明星李敏镐啊,她曾经声称愿意嫁给他。"

"那我就送李敏镐给她吧。"

几天后,浪浪去西塘古镇玩,买了一些杂七杂八的小玩意寄给我女儿,其中就有李敏镐的写真集。礼物寄了,可是没写寄礼物的人的名字。

女儿打电话给我,声音很兴奋:"爸爸,有人叫我去拿快递!"

"什么快递?"

"不知道啊,我又没买过什么!"

"拿到不就知道了么!"

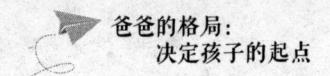

女儿拿到快递，立马又打电话给我："爸爸，我收到一份神秘的礼物！"

"谁送给你的？什么礼物？"我假装糊涂。

"我不知道，是从西塘古镇寄来的，奇怪的是上面没有署名，可是寄礼物的人居然知道我喜欢李敏镐，寄了一些李敏镐的写真集给我！"

"看来，送你礼物的人很了解你嘛。"

"爸爸，你知道是谁寄给我的吗？"

"我不知道啊。"

"那会是谁呢？"

"我不知道是谁，但我知道一定是一个很在乎你的人。开心吗？"

"当然开心！"

她并不知道那份礼物是我让浪浪送的，因为我提前告诉浪浪，叫她别把真相说出来。

◎ 钢琴故事

我带女儿去买菜,我们穿过大坝子菜市场的时候,从街边的琴行里传出稚嫩的琴声。女儿站在琴行门口,静静地凝视着里面,久久不肯离开。

"莫非你想学钢琴?"我问她。

"当然想!爸爸,你会答应让我来学吗?"她兴奋地跳起来。

"如果你真的感兴趣,我当然答应。"我说。

那是女儿刚进中学不久的时候。到下一个周末,女儿告诉我,她已经去过琴行了。她不仅去了琴行,而且还在那里上了一节课。

女儿早就对钢琴产生了兴趣,她幻想自己能有一架白色的大三角钢琴。有一次看电视,电视里的人正在弹钢琴,她就在书桌上模拟弹琴。那时我们还在乡下,没机会接触到钢琴,如今见她那么想学,我便去琴行给她交了学费。

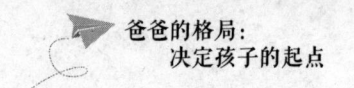

学琴成了女儿给自己安排的一项额外作业，每个周末，她都要去琴行练琴。虽然少了其他玩耍的时间，但弹琴对她来说也是一种快乐，因此，她并不感到寂寞。

那家琴行的生意不怎么好，加上房租很贵，后来老板把琴行搬到了另一处偏僻的地方。新地点离我们租住的地方有些远，女儿学琴来回奔波很是不便。我问她是不是愿意一直学下去，如果愿意的话，我就给她买一架钢琴。

"爸爸，真的吗？你真的要给我买一架钢琴？"她兴奋地抓住我，大喊大叫。

"暂时有这种冲动，你想要什么样的？"

她跳起来："最好买那种大大的三角钢琴，很洋气的那种。"

我说："买一架普通的吧，你说的那种钢琴太贵，我们买不起，屋里也放不下。再说这房子是租的，以后我们还要搬家，那么大的琴恐怕不好搬。"

我花了一万多元给女儿买了一架钢琴，虽然只是一架普通的钢琴，却也令她异常兴奋。工人把钢琴搬到家里那天，女儿坐在钢琴前弹了一会儿，停下来，在琴上爱不释手地抚摸着，激动的心情溢于言表。

她终于可以在属于自己的钢琴上练琴了，每天放学回来，她把书包往桌上一撂就坐在凳子上，摆好曲谱，专心致志地练老师教的曲子。我在厨房里忙碌着，听着那高高低低的琴声，感到生活特别惬意。

第二年，女儿转去了县实验中学，她的学习负担也加重了。那一年，她有三门功课要参加全省的学业水平测试，而其他科目的难度也在增加，每位老师都把学生的课余时间抠得死死的。

女儿放学回家后要写作业，练琴的时间少了，有时候到十二点还在写作业，更别说练琴了。

为了节约时间，也为了适应上高中后的寄宿生活，女儿开始半走读半住校的模式，她在家的时间少了。有时候她在家，我想叫她练练琴，见她忙碌而又疲惫的样子，又于心不忍。她偶尔也会弹弹，但毕竟时间不多，除非周末她才有时间多练习一会儿，却也没当初那么勤快了。

上九年级后，女儿不再去琴行上课了，家里的琴她也不怎么摸了，那架钢琴渐渐成了摆设。

我有点儿不甘心。一天，我试探着对她说："我们不如把琴卖了吧。"她立马否决了："不，以后有时间了我还要弹的。"

其实，我也没有要卖琴的意思，我只是想试探一下她的想法。

女儿初中毕业后的那个假期，有了一大段空闲时间，

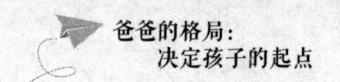

可是她练琴也不怎么积极，有时十多天也不摸一下。

我有点儿生气，说："如果你不练琴的话，我真要把琴卖了。"这一回她不怎么拒绝了，说："如果真想卖，就卖吧。"

我听后，心里有点儿堵，但我终究没舍得卖琴。

我想，算了吧，让它摆着就当是个纪念品。我知道等女儿上了高中，她回家的时间更少了，这琴于她来说也是无用的；上了大学，她与琴天各一方，更别说弹了。

如今，那架钢琴依旧放在我家的书房里，一看见那琴，我就想起女儿学琴的事。说不清让女儿学琴、给女儿买琴这件事我是做对还是做错了，但我想，无论如何那是我与女儿共同经历的事，它值得我去怀念。

女儿呢？我不知道她是怎么想的。高三下学期她曾说，高考后她要好好练一练琴，但她只不过是说说；如今她已然进了大学，练琴的事怕是再也没想过吧。

第五章 最女生

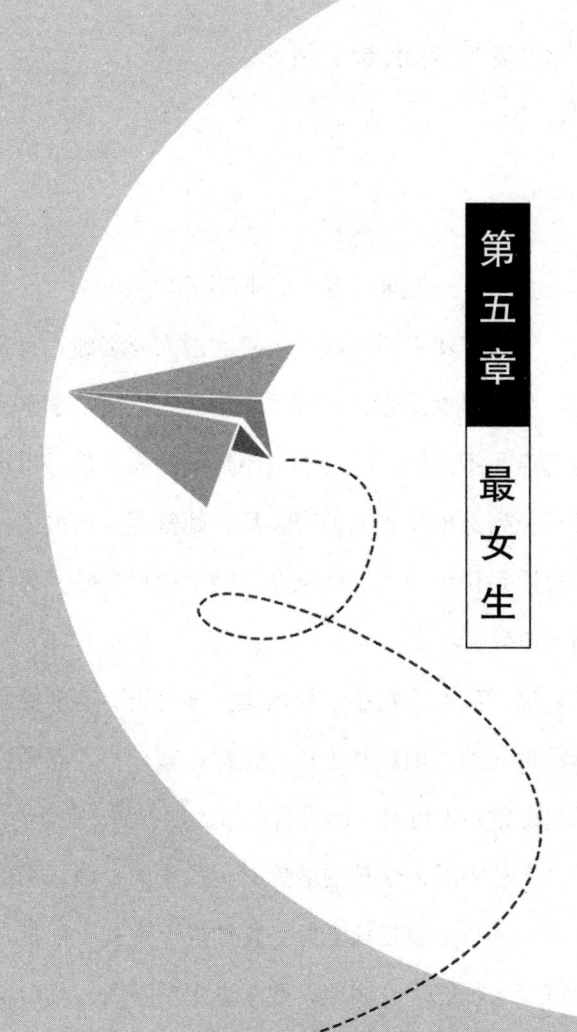

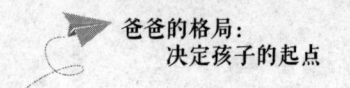

◎ 迎着阳光生长

女儿像一朵向日葵，是迎着阳光生长的。

女儿三四岁的时候，最喜欢别人夸奖她。有客人来家里，我们叫她跟客人打招呼、给客人让座、拿水果，最初她有点儿不情愿，尤其面对不熟悉的人，她显得很怕生。可是受到父母和客人的夸奖后，她就变得热情了，即使在外面遇到认识的人，她也会主动上前打招呼，为的就是得到一句夸奖。

那时我们住在小学校园里，学校里的老师她都认识。一看见老师，她就会上前打招呼，喊一声"老师好"。老师都说她不仅可爱，而且有礼貌。她听后，脸上乐开了花。

上初中后，学校的老师有七八十人，她认识的不多，她的办法是：看见像老师一样的成年人就上前打招呼，喊一声"老师好"。因此，她刚进中学不久，就给学校里的老师留下了非常好的印象。

一个周末,我和女儿去大坝子菜市场买菜。那是一个很小的菜市场,中间是街道,两边是菜摊,拥挤的人,拥挤的菜摊,到处人声鼎沸。

女儿提着菜走在前面,我提着菜走在她后面。我盯着她的背影,生怕她被人流挤散。这时,她突然把手中装菜的袋子塞到我手里,然后迅速钻入前面的人群中去了。

等我找到她时,见她站在两位中年妇女中间,挽着两人的手,我从背影上认出来是女儿的语文老师李老师和数学老师姜老师。女儿夹在两位老师中间,叽叽喳喳地跟老师说话,满脸阳光灿烂,很幸福的样子。

姜老师伸手摸着她的头,感慨地对我说:"这孩子跟我太亲了,简直比我的女儿还要亲!"

上八年级时,女儿转去了另一所中学。陌生的环境,陌生的老师,陌生的同学,在新的环境里她遭到了冷遇。她想快速融入进去,用她的热情、她的可爱、她的笑容,可是仿佛磁铁的同极,距离越近斥力越大,她像突然从烟花三月的江南闯入千里冰封的塞北,她有点儿不知所措。

但渐渐她就适应了,在校园里碰见老师,她像往常一样上前热情地打招呼,连其他学生视若无睹的门卫,她每次进出学校都会主动问一声好。

没过多久,她又吸引了老师和同学的目光,她的朋友

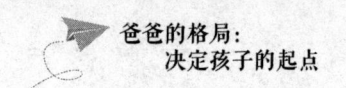

越来越多,连老师也常常邀请她去家里玩。

有一次她告诉我,学校有一位很奇怪的老师,她上前跟他打招呼,可是那老师总是露出冷漠的眼神从来不理她。她有点儿郁闷:"要是以后我跟他打招呼,他还不理我,我也懒得再向他问好了。"

我很快明白是怎么回事了。那所学校的学生普遍没有跟老师打招呼的习惯,加上那位老师面相严肃、性格孤高,因此平常更没什么学生跟他亲近,女儿突然向他问好,他当然不适应。

我告诉女儿,你向那位老师问好,是你对他的尊重。由于环境原因,他还不适应,但只要你坚持下去,用你的热情去对待他,有一天他一定会友好回应你的。

再后来,我问女儿还有没有向那位老师问好。她说:"每次遇见他,我都喊老师好。"我说:"那他是不是还不理你?"她浅浅一笑,说:"他朝我点点头,可他的脸还是绷得紧紧的。"

我们相视而笑。

女儿上高中后,有一次我去学校看她。那是一所有五千多人的学校,老师、学生和学生家长在校门进进出出,两个门卫坐在角落里,很少有人去注意他们,他们的脸上也写满了漠然。

女儿走出校门的时候,老远就朝两个门卫招手,嘴里喊着:"叔叔好。"她的脸仿佛盛开的太阳花。而门卫那漠然的脸也突然间变得有了活气,仿佛一株久旱的秧苗得到了雨露的滋润。

我紧紧地抓住女儿的手,心里感到无比温暖。

◎ 日记里的秘密

我要求女儿每天写日记。

我说:"你把生活中的点点滴滴记录下来,现在也许觉得无聊,但很多年后再回头看,你能从中发现自己成长的轨迹。而这段记日记的经历,也将会成为你人生最宝贵的精神财富。"

我又说:"日记本就是你的小天地,属于你自己一个人的地方。如果你有些小秘密、有些悄悄话不想告诉爸爸妈妈,你就写在日记本上,我和你妈妈保证绝对不会偷看一眼。"

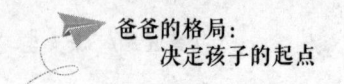

那时候她读小学二年级,对我的话似懂非懂。不过,她觉得写日记是一件很好玩的事,何况她特别喜欢日记本,尤其是那种带锁的本子。于是,她买了一个漂亮的带锁日记本,开始写日记了。她伏在小书桌上写,写完锁上锁,然后把日记本放进她的小书桌里。

"那是我的秘密,你们不许偷看!"她警告我们。

我们再次承诺,未经她的允许绝不偷看。起初,她似乎并不相信我们,在我们面前躲躲藏藏;渐渐地,她发现我们一直遵守承诺,便放松了警惕。有时候她的日记没有上锁,有时候她写完就把日记本放在书桌上,甚至没合上。

偶尔,我们也会好奇:这孩子到底都写了些什么?可是,好奇归好奇,我们从不偷看她日记本上的文字,见日记本没合上也会帮她合上,并且提醒她:"那是你的秘密,别让我们看到!"

可是,那本子里面到底写了些什么呢?她的生活圈子那么小,见闻那么少,她的日记里肯定只有我和她妈妈。那么,她有没有在里面表达对我们的爱?或者,她对我们有些什么我们所不知道的看法?她那颗小脑袋里,到底装着一些什么稀奇古怪的秘密?

记日记,渐渐成为女儿生活的常态。她不断长大,日记写了一本又一本,有的上锁,有的没上锁。我们始终没有偷看，我帮她把它们放在书柜里，像自己的秘密一样珍藏起来。直到她读高三的时候，那些日记才被一一解密。

那天，我们一家三口去原来的住处搬家，在书柜里发现了女儿上小学时写的几本日记。我把它们扔给女儿："你的日记本，收好。"

她翻了翻，大方地又扔给我："想看的话，拿去看啊！"

我说："那不是你的秘密吗？"

她笑起来："已经不是了，现在我宣布解密。"

我的好奇心又上来了，接过日记本翻看起来。那些日记恍若一部黑白纪录片，迅速将我带入女儿的童年。

她在日记里记录了她生活的点点滴滴：课堂上发生了什么、家里发生了什么、街上看到了什么、书上读到了什么、心里想了些什么、自己去了哪儿、跟谁玩、玩得怎么样……她写父母、老师、同学、陌生人，写大家做了些什么事、有些什么表现，她写了自己的快乐，也写了自己的烦恼、担忧甚至恐惧。

比如，她写道："要是我早恋了怎么办？要是我考不上大学怎么办？要是爸爸妈妈离异了怎么办？"

有时候，为了完成写日记的任务，她也绞尽脑汁，详详细细地记录老师上课时唾沫横飞以及同学被唾沫星子溅到脸上时的表现，读来令人忍俊不禁。

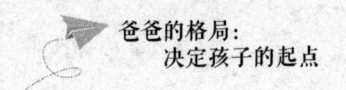

翻看着女儿的日记，我感受到了一个孩子天真烂漫的童年。

翻完之后，我才发现，那些当初被我们和她视为秘密的文字，不过是她成长过程中关于一些喜怒哀乐的简单记录。要是当初我们不考虑她的想法，偷看了她的日记并且被她知道了，结果会怎么样呢？

我能想到的结果可能是：她不再写日记，就算被迫去写也一定是满纸谎言，更重要的是她不会再信任我们。而今天，她也不会跟我们分享她内心的喜怒哀乐。

◎ 小姑娘，你别抖呀

女儿历来胆小，脸皮薄。

有客人来我们家玩，我们天南海北地侃了半天。女儿坐在书桌前写作业，一句话不说，全没了平常疯丫头的样子。

客人走了，我问女儿："你干吗不说话？干吗不跟客人打招呼呢?"

她说:"我很想啊,可是我不敢,有好几次我都想开口,可就是说不出来。"

我说:"胆小鬼!"

我决定带她去破一破胆子。那时她三岁多,有一天晚上,我的学生开联欢晚会,她想跟我去玩。我说:"可以啊,可是你得在那些大哥哥大姐姐面前唱一首歌。"

她有点儿胆怯,却又想跟着我去玩,只好答应了。

我们去了教室。孩子们很活跃,有的唱有的跳,女儿的情绪被带动起来,显得很兴奋。我趁机说:"该你唱歌啦。"她摇摇头,不敢开口。

我说:"你唱歌很好听呢,他们一定会喜欢。"她还是很犹豫。

我说:"我们早就说好的,你不能不唱啊!"

她只好硬着头皮小声唱了一首歌,但她不敢站起来,坐在凳子上,可是双脚很不自在,不停地乱动。唱完了,学生们都鼓掌,称赞她唱得好。她又高兴又窘,满脸通红。

她读一年级,儿童节到了,学校举行朗诵比赛。我鼓励她参加,她摇摇头,说不敢。我说:"你要大胆一点儿啊,只要你报名参加,无论结果怎么样都说明你进步了。"

她磨蹭了一会儿,答应了。

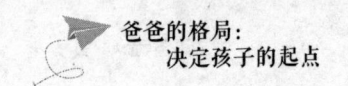

我给她选了一首朗朗上口的儿童诗,先教她理解,再让她背诵,然后我们在家里演练了很多遍。

比赛开始了,女儿站在台上。台下有几百名学生、老师和家长,而台上只有她一个人。我站在台下注视着她,看见她的两条腿在不停地发抖。

她先朝台下鞠了一躬,开始朗诵。她的声音很大,很清脆,朗诵完诗的第一节,突然忘了第二节。她站在台上一脸的窘相,双腿一直在打颤。她局促了几秒钟,总算想起来了,又接着朗诵。

终于朗诵完了,她按照预先演练的程序,规规矩矩地朝台下鞠了一躬,说了声"谢谢",然后转身走下台。

她飞快地朝我跑来。我抱起她转了一圈,然后夸她:"表现得不错,要是我记不住词的话,早就吓傻了,你比我厉害!"

她很兴奋,说:"可是爸爸,我的腿现在还在发抖啊!"

我说:"多抖几次,就不会抖了。"

果然,有了这次经历,她再上台时情况就好多了,学校有比赛活动,她都会主动报名参加,而且表现不俗。

三年级的六一儿童节,她报名参加了学校的独唱比赛。她选了少儿电视剧《快乐星球》主题曲《月亮船》,试唱了几遍,效果还不错。可是比赛的时候出了状况,由于紧张,她把调起高了。

后来,她在日记里写道:"……歌咏比赛我获得了第一名。唱的时候,我一激动把调起高了,我鼓足劲儿好不容易才把歌唱完,还差点破音了。这样也能得第一名?不知那些评委是怎么评的!"

渐渐地,她的胆子越来越大了,她敢站在台上代表少先队员发言,或者再参加朗诵、唱歌等比赛,已经变得很镇定了。

到小学高年级的时候,每个儿童节晚会她都会被选为主持人,跟老师一起主持节目。虽然她的腿还有点儿发抖,偶尔会有口误,可是声音沉稳,表情自然,看上去也落落大方。

上初中之后,她参加学校的演讲比赛,以大比分的优势获得了第一名,老师夸奖她,同学也羡慕她。她的表现自然是好的,动作、着装、声音、语气、语速、情绪,一切都无可挑剔,可是我站在近处,发现她的腿依旧在微微发抖。

演讲结束之后,我对她说:"小姑娘,怎么还会发抖呢,你别抖呀。"

她说:"爸爸,其实每一次上台我心里都有点儿害怕,但是,我得硬着头皮上啊!"

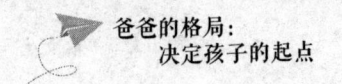

◎ 丢三落四的代价

女儿丢三落四的毛病是什么时候形成的？我记不得了，记忆中，她好像一直是那样。

读小学时，女儿常常会忘带一些学习用品去教室，要用了，一找发现没带，只好回家拿。好在那时教室就在家对面，只有100多米的距离，也不是太麻烦。

女儿读初中时，有好几次她刚到学校就打电话给我，说某本书忘在家里了，叫我给她送去。一天早上，她竟然忘记带出入证了，被门卫挡在外面进不了学校。

那是冬天的早晨，天还没怎么亮，我刚准备洗漱却只能停下，以最快的速度给她送去。

有一回，学校要代收100元的保险费，我担心她把钱弄丢，于是在她出门时才把钱给她。我还千叮咛万嘱咐的，可是她还没到学校，钱就不翼而飞了。

女儿去市里读高中了，每到放假，妻子就打电话给她，叮嘱她收好要带回家的物品。可是等她回到家,总会发现漏了几样东西,于是她只好请还在学校的同学给她快递过来。长此以往,女儿倒是习惯了,妻子却很担心,一到女儿放假,妻子再忙也会去学校接她,帮她收拾行李。

最惊险的一次是高二那年的元旦。女儿去车站坐车回家,结果刚到车站,就发现自己的手机、银行卡、身份证、钱包什么的全掉了。好在她在车站遇到一个熟人,借了点儿钱才买了一张车票,又借电话打给银行挂失了银行卡。

高考后的假期里,女儿去昆明打暑期工。那天早上,我给她买好车票,送她上车。出门之前,我一再问她:"再想想,还有什么该带的东西没带?"她再次检查后,说:"都带齐了。"我说:"再想想。"她说:"真的没有了。"

我把她送上车,放好行李。这时,她突然慌张起来,说:"爸爸,我的手机忘在家里了!"车就要开动了,回家拿手机已经来不及,没办法,只好把车票改签为下一趟车。可是她回家找手机时,却发现手机就在她的背包里,气得我差点吐血。

女儿在我朋友李翠萍的服装店里打工,晚上一个人住在李翠萍空置的小区房里。一天晚上,她下班回去开门,才发现身上没带钥匙,估计是早上上班的时候她忘记把钥匙带出门了。

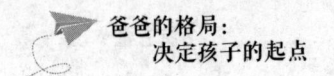

她只好打电话给李翠萍。李翠萍告诉她,服装店里有一把备用钥匙。她屁颠屁颠跑去店里拿到钥匙,回来后发现门竟然打不开。她慌了,不知道该怎么办,又打电话给李翠萍。李翠萍给她联系了别的住处,她不愿意去,哭着打电话给我,问我怎么办。

鞭长莫及,我还能怎么样呢?何况,这种事原本应该由她自己去解决,比如将就着住在老板给她安排的地方,或者跟一起在店里打工的同事挤一晚。我知道她并不笨,这些办法她都想得出,可是她一急,大脑就短路了。

我懒得提醒她,她在电话里哭诉了一阵,见没什么效果,又打电话给我的小妹哭诉。小妹离她有60公里,听说之后非常担心,要去接她。后来事情是这样结束的:女儿哭完之后冷静下来,四处瞅瞅,才发现自己进错了单元楼,她把钥匙塞进了别人家的锁孔里。

上大学不久,女儿坐公交车,把手机放在外衣口袋里,结果被小偷摸走了。她借别人的电话打给我汇报情况,我说不行的话就重新买一部手机。她知道自己常常丢东西,心里也有点儿过意不去,就敷衍说不用买,她已经报警了,警察也许能帮她把手机找回来。

话虽如此,但我知道找回手机的概率微乎其微,因此我给了她1200元,让她自己买。她却羞答答地把钱退还给了我，叫我给她买。我知道小妮子是想要一款稍微上点档次的手机，这些钱不够，可是她不好意思开口，因为之前她已经丢了好几部手机。

我给她买了一款非常便宜的手机。我说："姑娘，要时时提醒自己，别再丢三落四了，否则有一天你会把自己丢在大街上的。"

我认真反思了一下，女儿丢三落四的毛病，其实是我们给惯出来的。从小到大，她的大小事情都由我们包办，久而久之，离开了我们，她便无所适从了。

◎ 理解与宽容

一天，女儿打电话给我，声音带着哭腔，情绪激动，似乎受了天大的委屈。

那是高三上学期，她跟同桌的关系出了问题。女儿说，同桌其实是一个坚强的女生，成绩优异，但脾气有点儿怪，有时甚至喜怒无常。同桌心情好时，正常得不能再

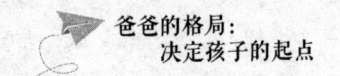

正常，但心情不好时对谁都不理不睬，有时女儿用了她的铅笔、橡皮擦什么的，她便立马翻脸。

女儿给我陈述她内心的痛苦：她觉得同桌的态度，严重影响了她学习的心情，但她既不能改变同桌，也不能改变自己。而且她也不愿意换座位，因为她觉得要是自己换了座位，同桌就会认为自己被嫌弃了。那样的话，她们之间的关系会越闹越僵，这是她最不愿意看到的结局。

女儿问我怎么办。我也没有办法，只好说："再将就一段时间吧，实在不行就只能换座位了。毕竟现在是关键时期，学习是第一位的。"

几天之后的一个下午，我和妻子去学校开家长会。家长会分为两部分进行，第一部分是学校的家长会，在礼堂进行，家长参会，学生正常上课；第二部分是班级的家长会，在教室举行，家长开会，学生休息。

当时，我和妻子正在礼堂开家长会，女儿突然打来电话，说班上一个同学晕倒了，她要送同学去医院，开班级家长会的时候她可能还在医院里，叫我们不要等她。

挂了女儿的电话，我和妻子面面相觑。助人为乐是一种美德，但我已经记不清女儿陪同学去过多少次医院了，而那种时候恰恰是上课的时候，妻子因而怀疑她是因为不想上课而借机出去玩。

家长会一直开到晚上七点才散。散会的时候，我和妻子正要出教室，女儿突然气喘吁吁地闯进教室来。也许是太渴了，她只用眼神跟我们打了个招呼，便冲到饮水机前接了一大杯水，咕噜咕噜喝了下去。

出了教室，妻子问她："你同学好点了吗？"

她说："还没有。"

我说："那你怎么就回来了？你不能把同学一个人留在医院啊！"

她说："她叫我回来的，说怕你们等着急了。"

一路上，女儿说起她送同学去医院的事。原来，那个同学就是她的同桌，这几天她跟同桌的关系也没什么缓和，但同桌晕倒后，她想也没想就主动把同桌送去了医院。

在医院里，她才了解到同桌的家庭情况。同桌的父母嗜赌，他们不大关心孩子的学习和生活，跟孩子之间也没有共同语言。虽然同桌家离学校很近，但同桌告诉女儿，周末的时候她特别害怕回家，因为不想面对父母。

女儿说，在医院里与同桌交流之后，她突然就理解了同桌，对她的缺点不再计较了。女儿猜测，同桌生活在不好的环境里以致性格孤傲，脾气暴躁，同桌以为自己生活的学校也跟家里一样，但现实又告诉她，二者并不一样，因此内心便有了各种各样的情绪。

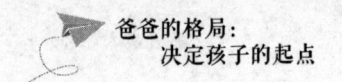

"今后，我不会再生她的气了。"女儿说。

我说："那你为什么不等她输完液再来找我们呢？"

她说："同桌催我回来的。她说要是她像我一样，早挨她父母一顿臭骂了。她还说，你们来一趟不容易，叫我多陪陪你们。所以，我就从医院出来了。"

女儿说完，吐了吐舌头。

我感到无比欣慰。我不能替女儿解决的问题，她用自己的方式解决了。

◎ 装淑女

小时候，女儿吃东西狼吞虎咽，动作夸张，有时候来不及拿筷子，伸手抓起来就塞进嘴里。

有一回，我们在街边小摊上吃烧烤，她吃得急，胸前很快就沾上了大块的油渍，后来她又被噎得蹲在地上不停咳嗽。我们见了，又气又心疼。

我说："你简直就是个野丫头，哪有点儿淑女的样子！"

她似乎也觉得自己太失态了，便渐渐开始约束自己，努力往淑女的方向靠。

但淑女究竟是什么样子，她并不知道，就问我。我便说淑女要秀外慧中、端庄大方，她还是不大明白，我便翻开《红楼梦》，把林黛玉进贾府吃饭时那段描写讲给她听。

她听后，说："吃个饭这么麻烦吗？"

我说："没要求你像贾府的小姐夫人那么吃，但也不能像你现在这样粗鲁啊，要不别人看见你的熊样子，一定会说你没教养。"

她便学习当淑女。按她的理解，淑女得像公主一样，而公主得穿漂亮的公主裙，她便把妈妈买的那条白色公主裙翻了出来。

公主裙看上去很漂亮，可是太厚，热天穿着太难受了。但为了保持淑女的形象，女儿虽然脸上大汗淋漓，依旧穿着那条裙子。

太热，她就撩起裙子当扇子，这样一来，她的淑女风范全没了。加上她爱动，裙子虽然漂亮却经不起折腾，没穿多久，白裙子上就到处是污渍，妻子只得强行让她脱了。

尽管如此，女儿还是因此收获了好名声。比如，我们居住的院子里，有很多人就说她很"淑女"。虽然名不副

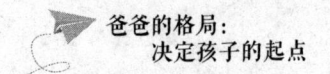

实,她还是忍不住沾沾自喜,因此更注重自己的表现了——在家里,她依旧是她;一有外人,她就会约束自己,立马变得端庄、安静、规矩起来。

有一天,妻子带着她去班主任董老师家玩,最后在董老师家吃饭。

在自己的老师家吃饭,那必须得注意,女儿担心自己的吃相不雅,给老师留下不好的印象。她就想起书上描写的淑女吃饭都很讲究,比如动作要轻,嘴不能张太大,不能弄出声响,等等。

于是她也轻轻夹菜,小口吃饭,细嚼慢咽,尽量把动作做得文雅一点儿。结果,大家都吃完了,她的饭还剩大半,大家就在一旁等着她。

她既想赶快吃完,又想吃得淑女一点儿,心里便慌了。原本她打算不吃了,但她知道剩饭更不淑女,只好少吃菜,把碗里的干饭吃完了事。后来,她在日记里记述这件事:"本来我想当淑女,结果却出了洋相!"

女儿上初中时,有一天我跟几个同事去一家小餐馆吃饭,把她也带了去。简单的小餐馆,随意的几个小菜,女儿坐在我旁边端着碗,身体几乎不动,只夹面前的菜,显得非常文雅。

我对她知根知底,对她的表现还算满意,却又担心她吃不饱,于是叫她随意一点儿。她虽然点头说"嗯",可夹菜还是不积极。

我想,也许是她不认识我那几个同事,有点儿拘束。

回家的路上,我问她为什么不多夹点儿菜吃。她说:"你不是告诉过我,人多的时候吃饭别把筷子伸到别人面前去,要等盘子转到面前再去夹菜吗?可是今天真倒霉,那桌子居然不能转,我喜欢吃的菜都不在我前面,导致我没吃饱!"

我听后,哈哈大笑。

女儿其实是个喜欢无拘无束的率性丫头,但为了让自己在别人眼里显得更完美,她总是不断约束自己,提醒自己去做一个淑女。在别人的眼里,她一直是个懂礼貌、守规矩、有教养的好孩子。

有的邻居在教育孩子的时候,常常拿她当榜样,因此,很多孩子都很羡慕她。既然成了别人的榜样,女儿不得不更加注意自己的形象,只得更加努力表现。

女儿上高中之后,有一天她告诉我,她很喜欢吃学校食堂的回锅肉,可是她不好意思吃,因为一般女生都不吃肥肉。然后,她痛苦地说:"爸爸,其实装淑女挺累的。"

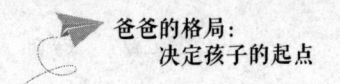

◎ 别把小女孩当小女孩

"爸爸,我是怎么来到这个世界上的?"女儿问我。

我就逗她。第一次我说,你是在垃圾堆里捡来的;第二次说,你是奶奶在地里挖出来的;第三次说,你是果树上长出来的;第四次说,你是从我小腿肚上钻出来的……

她抓狂了,大声质问:"我到底是怎么来的?"

我说:"就是从我小腿上钻出来的,不信你看。"我小腿上有块隐隐的伤疤,我告诉她,那是医生把她从里面取出来时留下的疤痕。

我以为她信了。可是有一天,她突然对我说:"爸爸你真讨厌,我是妈妈生的,可为什么长得像你一样?"

原来,她早就知道她不是我生的,而是她妈妈生的,只不过,她懒得跟我贫嘴。也许在她心里,我只不过是个傻不溜秋的大人,她根本不屑跟我讨论"我从哪里来"这种高深的哲学问题。

但有时，我们也难免会讨论一些"高深"的问题，比如关于她的历史使命问题。那段时间，我特别喜欢喊她"儿子"，有一天她突然发怒了，说："请你清醒点儿，我不是你儿子，你别指望我给你继承香火！"

我讶然，想不到小丫头想得那么远，我都还没想到那一步呢。

小时候，女儿最郁闷的是别人把她当小孩子，虽然她原本就是小孩子。因为上学早，读初中时她才十岁，常常有人问她读小学几年级了；上高中后，也曾有人问她有没有进初中。她心里很生气，可她知道，如果因此而生气会自毁形象，只好轻描淡写地解释一句，但事后还是免不了闷闷不乐。

小学毕业后，女儿升到了初中，曾经兴奋过好长一段时间。倒不是因为升级而高兴，而是从此以后坐车要买全票了。

之前从我们镇上去县城，她因为小，因此坐车一般是免费的；外出坐火车、买门票什么的，她也只买半票。为此她很郁闷，早就盼望自己能买全票了。

上了初中，有一次她坐公交车，售票员说："你已经读中学了，得买票。"她一听，赶紧把钱递给售票员，那神情比自己考了第一还高兴。

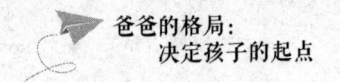

女儿是路痴,她一个人在市里读高中,我们不能老是接送她,因此很担心她怎么往返。不过渐渐就不担心了,有几个周末,我们正不知道她要坐什么车回家的时候,她却一下子出现在我们面前,原来她是搭熟人的车回来的。我们表扬她,她嗤之以鼻:"我又不是小孩子!"

有一次,我们单位有几个同事去市里出差,女儿那天也要回家,我便让同事把她带回来。同事见她天真可爱,便一路跟她说话,逗她;她呢,笑着应答,一路并不寂寞。

回家后,她告诉我,车开得快有点儿晕车,她不想说话,可是他们跟她说话,如果她不理的话会显得很不礼貌,只好硬着头皮跟他们说。

"你不知道,他们问了我很多傻头傻脑的问题,我都懒得答!"她说。

"他们居然像逗小孩子一样逗我,真幼稚!"她说。

"不过,他们是你的同事,为了你,我只能表现得好一点啦。"她又说,仿佛她跟他们说几句话是为了给我挣面子。

眼看着女儿就要高中毕业了,虽然她已经十六岁,可她依旧是娃娃脸。不过,她已经懂得体贴人、懂得为人处世了。比如,她去昆明打暑期工挣了钱,首先想到的是给她妈妈买一套衣服;离开昆明的时候,她买了一份礼品送给跟她同住的女孩。后来她对我说:"那个姐姐对我不错,照顾了我很多,要分别了我应该表达一下谢意。"

有一天,我带着她跟我的几个朋友一起吃饭。大家边吃边聊,女儿坐在我和昭通学院的杨昭老师中间,杨老师跟她说了会儿话。饭后,她告诉我:"我觉得杨老师这人特别好。"

"为什么?"

"因为别人都把我当成小孩子,只有他把我当成了成年人,他跟我说话很认真,不像别的大人一样老是逗我,问我一些幼稚的问题。杨老师让我感受到了平等和尊重。"

◎ 待客之道

女儿自小就喜欢带同学来家里玩,那些孩子一来,我们的神经就得绷紧。

读小学时,我们住在小学的大院里,从家到她的教室最多也就 100 多米。一放学,她常常会带着一群叽叽喳喳

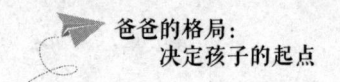

的孩子风一样闯进家里来，他们看书、看动画片、玩游戏，玩得不亦乐乎。

有时到饭点了，孩子们要留下来吃饭，就有点儿难为我们了。小镇上三天才赶一次集，平常并无菜卖，家里突然来了这么多小客人，的确是巧妇难为无米之炊。没办法，只好临时去邻居家分点菜来。

女儿小学毕业后，我跟她搬去了县城，独留妻子在从前的学校。我既要工作，又要伺候女儿的饮食起居，还要辅导她的学习，每天忙得要吐血。

女儿七年级的时候都是在家里吃饭，八年级转到另一所学校，离家远了些，偶尔会在学校食宿，但每个中午都会回家吃饭。有时她回来会带着同学，其实带同学来家里无所谓，可她老是搞突然袭击。比如她已经出校门了，才想起要打个电话给我："爸爸，我现在带同学来家里吃饭。"

女儿的电话一来，吓得我赶紧跑进厨房忙活起来。

因为时间仓促，接待工作难免有不周全之处。过后我对女儿说："带同学来家里，你得事先知会我一声啊，免得我照顾不周出了洋相，丢了你的面子。"她说："随便一点儿就行了嘛，又不是接待多大的领导。"

女儿去市里读高中，有了新朋友。高二开学不久就是中秋节，节前她回家，吃完饭之后她随便说了句："有几个同学说明天要来我们家过节。"

我问她："既然这样，她们为什么今天不跟你一起来？"她说："不知道，我没问她们。"她说得那么无所谓，我和妻子便没有当真。可是第二天中午，女儿告诉我，她要去车站接同学。

接同学？这件事情竟然是真的？

我和妻子吓得魂飞魄散，赶紧做饭，然后让女儿去车站接人，再给同学安排落脚点。

那时我们住的还是出租房，房子小没有多余的床铺，而来的客人一共有三个女孩，无法留宿。

女儿也有些蒙，不知道怎么安排客人。我建议她先把同学带到家里，吃了饭再去酒店给她们安排住处。

女儿有点儿犯难，虽然她以前住过酒店，却不知道怎么办手续。于是我告诉她流程，又打电话到酒店订房间。吃完后，她领同学到了住处，然后带同学逛县城，晚上跟我们一起做饭……

第二天，总算把客人送走了。这期间，我和妻子一直提心吊胆，生怕有什么闪失。

女儿高中毕业后，也带同学来过家里。虽然她特意交代我们说随便就行，可我们还是不敢怠慢，忙里忙外，安

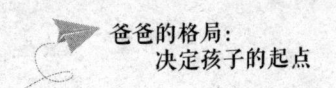

排住处、做好吃的。

看一群孩子在聊天、看电视、玩手机、去唱歌……我们稍稍心安了一些，心里想，总算没给女儿丢脸。

送走孩子们，压在胸口的那口气终于吐了出来。我想，就算上级领导到我们家视察，我们的神经恐怕也不会绷那么紧吧？把我们的心情告诉女儿，她说："谁叫你们那么紧张啊，我说了叫你们不要操什么心。"话虽如此，可我们哪能不操心呢。

女儿到上海读大学，寒假里回家，有一天她突然告诉我们，春节期间有一个上海同学要跟她父母来云南旅游，因此打算顺便来我们家过年。

女儿淡淡一说，我和妻子却差点儿吓破了胆。这还得了，人家穿过大半个中国来我们家过年，又是大城市来的，我们要是招待不周，那不是给女儿脸上抹黑吗？

女儿却不以为然，说既是同学又是好朋友，搞那么紧张干吗？人家来了，我们该怎样还怎样，该吃吃，该玩玩，人家也不会计较那么多。

但我和妻子还是战战兢兢的，直到过完春节，那个上海姑娘还没有来，我们悬着的心才落了地。

◎ 文艺少女

女儿上高中之后，无可逆转地变成了一枚文艺少女。

只要出门，她就喜欢背着书包。奇怪的是，在校园里，我却没见她背过书包——从教室里出来，她的书是抱在怀里的。也许在她看来，出了校门，背着书包的女孩看上去更文艺。

要是放假回家，她嘴里便不停地念叨着作业，觉得放两天假的时间，那些作业非得三天才能写完，可是家里的电视永远调在她喜欢的频道。

一接到同学的电话，她便收拾书包出门，说要去外面写作业。问她在哪儿写，她说在冷饮吧。

天知道冷饮吧里怎么写作业，而且还是一群人。这孩子，撒个谎也那么文艺。

她依旧喜欢唱歌，但她喜欢的歌我已听不懂，英文的，韩文的，还有不知道什么文的。问她懂不懂，她说懂，可

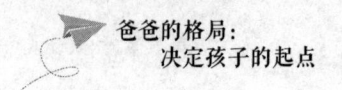

是我觉得她不一定懂。

她喜欢的明星，换成了一些我从未听说过的歌手，她把他们的名字告诉我，可是我一个也记不住。

还好，我紧追潮流，说出了当时比较火的歌手邓紫棋的名字，并唱了一首《泡沫》。然而，她的目光里只有一分认可，其余四分是同情，五分是不屑。

叫她唱一首歌给我听，她却没有兴趣了。她故作羞赧的样子，让我觉得她只不过长着从前那个女儿的脸，而没有长着从前那个女儿的心。

高三寒假时，她竟约我去歌厅 K 歌。虽然她明确保证自己在高中期间只与同学去过一次歌厅，而且只是唱歌没喝酒，但她的话已不能让我深信不疑。

她依旧喜欢跳舞，但她的表现让我失望。学校里有舞蹈队，可是百里挑一，女儿条件不够进不去。于是，她报了个校外的舞蹈培训班，交了学费，然后兴冲冲地打电话给我，仿佛自己干了一件了不起的大事。

我猜她是想悄悄学舞，然后"逆袭"，让同学对她刮目相看。我并不反对她学跳舞，但我担心她没时间去学，坚持不下去。可她信誓旦旦："我保证坚持学下去。"

我信了，等着她给我汇报学习成果。实际情况是，她学了四五个星期就底气不足了。

别人学舞是每天都练,而她只能在星期天去学一次,跟不上老师教学的节奏,偶尔周末她还要回一次家,就只好请假。再去的时候,老师发出了通缉令:"你以为交了学费就可以想来就来,想不来就不来吗?再这样下去就开除你!"最终,她学习舞蹈的美好愿望,与她初中时的钢琴梦一样无疾而终。

她依旧喜欢买书、看书,但她买的书我已看不懂。小时候,她喜欢的书都是我推荐的,如今,她喜欢的书都是我所不熟悉的。

那些书,我说不上喜欢,也说不上不喜欢,只不过装帧倒是很漂亮。一看作者,韩寒、郭敬明、笛安、落落、江南……还有一些外国作家,名字老长的,但凭经验就知道是青春小说。当然还有玄幻小说,以及一些有名的没名的明星写真集和一些莫名其妙的漫画。

一看定价,我不禁咬牙切齿,都是属于我想买也要咬咬牙最后也下不了决心的那种价位。而且,她还在书的扉页像煞有介事地写下:某年某月某日,某某某购于某某书店。仿佛,她买书的目的不是为了读,而是为了纪念。

问她有没有读,她说有的读了,有的随便翻了一下,没兴趣读。后来我仔细检查过,其中一本还没有撕破塑封包装,说明她根本就没有读。

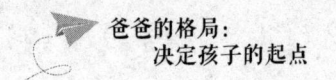

但我们也有意见一致的时候。她想买一套英文版的《哈利·波特》，书店里没有，求我在网上给她买。我想这可以趁机锻炼一下她的英文阅读能力，欣然同意了，买来厚厚的五大本。一翻全是蝌蚪文，我看不懂，疑心买得不对。

她倒很满意，欢喜地收下了。我担心她不会去读，只不过是拿去摆摆谱。没想到高中毕业的时候，她竟然读完了两三本，据说也读明白了。

可是她真的读懂了吗？我表示怀疑。

◎ 如此考生

要高考了，女儿特别兴奋。

女儿是个喜欢新鲜事物的人，对于尚未经历高考的她来说，这件事本身就是兴奋剂，刺激着她的神经。

临近高考，学习时间越来越紧，很多学生都在拼命学，有的营养不良，有的体力透支，有的精神紧张，以致在上课时会突然晕倒。女儿倒是啥事也没有，唯一出的状况就是由于老师把时间卡得很紧,她经常犯困。

高考前,学校为了让考生能够坦然面对考试,想了很多办法,其中一招就是让学生不停地做题,做得手脚酸软;不停地考试,考到神经麻木。

女儿一度也处于麻木之中,但紧接着她就被跟高考有关的各种事务所吸引了,比如写毕业留言、送毕业礼物、照毕业照、参加毕业聚餐……她尤其关注两项高考"福利":每年高考季,市里的一些宾馆会腾出一定比例的房间,让有需求的考生免费入住;一些出租车司机和私家车主也会联合起来,组成爱心送考车队,免费接送考生。

女儿所在学校的学生有大半会分到外校考试,要是她去外校,自然就有机会享受这些"福利"了,而享受这些"福利"在她看来似乎比高考更重要。

然而令她沮丧的是,准考证发了下来,她发现自己就在本校考,这样一来,她只能眼睁睁地看着别人住免费宾馆、坐免费出租车了。

不过她总能找到兴奋点。高考前,我和妻子去陪考,她非要跟我们一起逛街,似乎忘记了即将到来的高考。

我们叫她乖乖待在学校里调整一下状态,不要跟我们厮混,她却说:"我就是想跟你们在一起放松一下嘛,麻烦你们别影响考生的心情!"

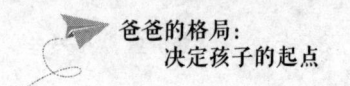

虽然知道她是在开玩笑,但我们也马虎不得:要是万一真的影响到了她的心情呢?于是,有很多事我们只得将就她。

比如,她听说我们住的宾馆里一些房间有吊床,于是叫我们换过去,以便让她也感受一下。我说懒得换,她说:"你怎么可以持这样一种态度?请照顾一下我这个考生的感受!"我只好去换。

她又听说某餐馆的鱼做得不错,便吵着要去吃。我和妻子嫌那里太远,不愿去,她说:"请你们关心一下考生在高考期间的营养!要是营养不好,能考好吗?"我们无奈,只好去。

到十字路口的时候,红灯亮了,我们在一旁等。她嘟着嘴抱怨:"这红灯是怎么回事?难道不知道我是一名考生吗?真是扫兴,严重影响了我这个考生的心情!"

高考前一天,我们让她早点儿回学校,心里千叮咛万嘱咐,嘴上却不敢啰唆,怕她烦。她似乎看出了我们的心思,先叮嘱起我们来了:"考试这两天请你们不要影响我,不准给我打电话,更不准问我考得好不好,以免影响考生的心情。"我们只好把要说的话咽回去。

高考那两天,我们没敢去学校找女儿,也没敢给她打电话。漫长的四场考试终于结束了,我和妻子迫不及待去学校找她,想打探一下她考得怎么样。可是她立马把话题转到同学聚餐这件事上来,让我们都插不上嘴。

好不容易逮着了机会问她,她却说:"分数都没出来,我怎么知道?"我想,反正高考已经结束,不用担心影响考生的心情了,便问她数学难不难,英语考得好不好,作文写的是什么内容。

她却一脸无辜:"求你们别问了行不行?还有十多天才知道分数,你们让我再糊涂十多天好不好?十多天之后,要杀要剐由你们,我决不反抗!"

虽然如此,我们却也没饶她,不交代就不让她走。她见不能脱身,只好招了:"数学题有很多不会做,没做完,理综也是。还有,考语文的时候太困了,不小心在考场上睡了会儿,也不知睡了多久……"

说着,她用手捂住耳朵,拒绝我们的责备。然后,她大声说:"再见,我要去跟老师和同学吃散伙饭了……"

我们没辙,彻底投降了,只好在心里安慰自己:也许没她说的那么严重吧?也许,她是故意气我们的吧?

第六章　看世界

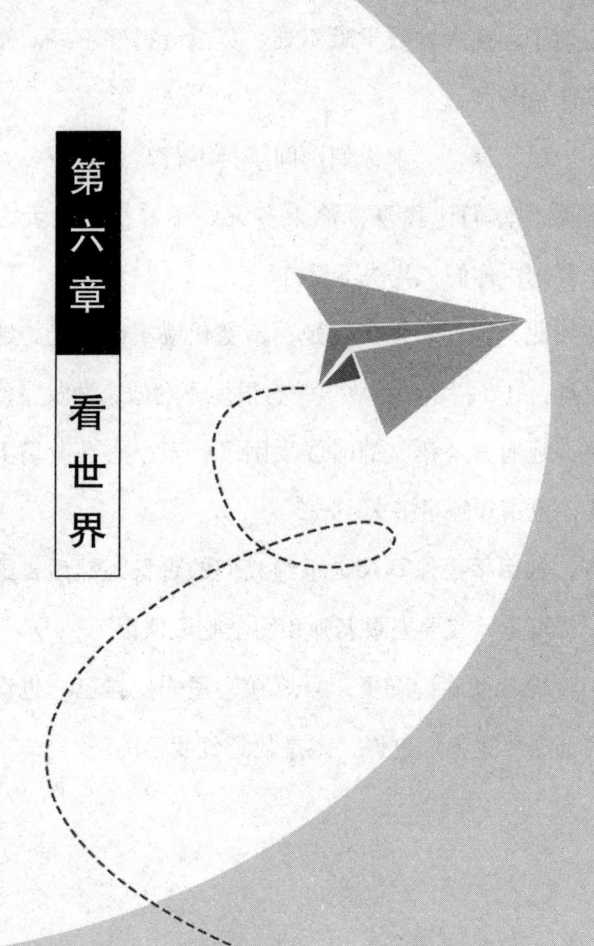

◎ "当官"记

读小学一年级后才十多天,女儿就当选了班长。

那天她放学回家,神气活现地站在我面前宣布:"爸爸,我当班长了!"

我很诧异:"你这么大点儿,谁会让你当班长?"

她说:"当然是老师!"

我去问班主任,班主任说是学生们自己选的,本来她也打算让一个大一点儿的孩子当班长,可是学生们都选了女儿,她只好尊重学生的决定。

班主任说起了当时的情景,她让学生提名班长人选,女儿最先就被同学提名了。当老师在黑板上写下她的名字,叫大家举手表决的时候,那些孩子呼啦啦全都举起了手,口中高喊着女儿的名字,最终女儿得了全票。

我有点儿担心:女儿那么小,连班长是干什么的都不怎么明白呢,怎么能担此重任?但无论如何,我和妻子都

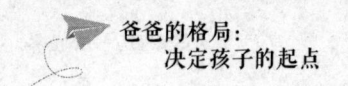

为女儿在班上有如此高的人气而感到高兴。

当班长后,女儿渐渐认为,所谓班长就是班上的"老大",因为有很多同学直接叫她老大。

有一天,她告诉我:"同学们都说我是老大,其实班主任老师才是老大,数学老师是老二,我只是老三。"看她一副得意扬扬的样子,仿佛自己真有多么了不起。

女儿越来越趾高气扬了。偶尔老师不在,她便替老师管理班级,要是有同学违反了纪律,她就走过去指着同学,凶巴巴地说:"再这样,我马上去告诉老师!"胆小的孩子便被唬住了,不敢再动。

一年级的孩子自觉性差,老是坐不住。某天上课,老师临时有事耽搁了还没到,一个男生突然跑出教室门,女儿追出去揪住那同学的耳朵,抓小偷一样拧回了教室。还有一个男生用扫帚在教室里乱舞,她冲过去朝对方屁股上便是一脚,仿佛抓逃犯一样。

因为她是班长,同学不敢把她怎么样,不过几个调皮的孩子也会跟她作对,他们老远地朝她喊:"班长班长,掰(我们这里的方言读'bān')脚掌掌!"于是大家都哄笑起来,一起朝她喊:"班长班长,掰脚掌掌!"

她的权威被藐视,尊严被伤害,只好哭着去找老师。

两个多月后,女儿毫无悬念地从"老三"的位置上退了下来。那几天，我看见她有点儿不对劲，说话做事一副无精打采、心事重重的样子。问她，不说；问她同学，才知道老师不让她当班长了。

见女儿心情不好，我便安慰她："一个班级有那么多人，你不可能永远当班长啊，以后你还要读中学、上大学，难道班长的职务就非你莫属吗？当班长，就意味着你要做很多事情，但是现在你实在太小了，有些事情你做不了，而且方法上也有不当的地方。你只顾履行自己的班长职责，可是你有没有想过，你的做法是否伤害了同学？现在你的能力还不够，等你长大一点儿，有更大的能力了，那时候同学们就会重新信任你，老师也肯定会让你再当班长。"

她不服气："可是我又没有做错什么，老师凭什么要免我？"

我说："因为还有人比你更适合当班长啊。而且，就算你最适合当班长，难道你就不愿意把机会让给别的同学，让他们也锻炼一下吗？你不能那么自私！"

几天之后，女儿的情绪恢复了，不再计较自己是不是班长。后来，她没有再当过班长，不过因为有一些别的特长，她当过文娱委员、小组长、课代表什么的，职务换了若干，时上时下。

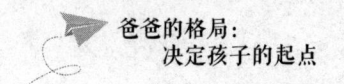

虽说她不能做到宠辱不惊,却也能够泰然处之了。

她读高中时,有一次我去学校开家长会,看见一份学校与班级签的责任书,上面有校长签名、各科老师签名,在班委签名一栏竟然有女儿的名字。

我没想到她又当了班干部,就问她为什么没告诉我。她淡然一笑,什么也没说。

◎ 跟女儿喝酒

一天,我跟女儿有一搭没一搭地说着话,我们突然就说到了喝酒的事。

"你有没有喝过酒?"我问她。

我酒量小,几乎不喝酒。在我的记忆里,女儿也从未沾过酒。但根据我当了多年中学老师的经验,对很多孩子来说,烟酒对他们有着特别的吸引力,有很多孩子都曾躲着大人偷偷抽过烟、喝过酒。我虽然知道女儿不大可能偷偷喝酒,但在特定的时刻也不一定。

她显然知道，我和她只是在聊天，我们只是在谈论一件事情，我并不是在套她的话，也不是在审讯她，更不是兴师问罪。很多时候，我们彼此间的了解，就是在这种状态下进行的。

她说："喝过一次。"

我微微有点儿吃惊，想不到她真的喝过酒。

她说起了那段经历。那是一个周末，她和宿舍的同学去逛超市，看见有一种罐装啤酒的包装非常漂亮，虽然她们之前并没有喝过酒，但还是每人买了一罐回去。

一群孩子因为好奇，做了一点儿大人才能做的事，这没什么可奇怪的，因为他们正在成长。类似于喝酒这样的事情，几乎所有的孩子都是背着父母干的，他们就是在这样的状态下完成了一次次成长。

我尝过若干种酒，可是我不喜欢酒的味道，因此不喜欢喝酒。我问过很多嗜酒的人，没有一个人说他喜欢酒的味道，可他们说酒是一种奇怪的东西，喝着喝着，酒的辛辣味道就越来越淡了，神经的一部分麻木了，一部分却被撩起，那是一种奇特的感觉。但我不曾有过这样的体验，酒让我感受到的只有恶心、头痛。

我问女儿酒的味道怎么样。她摇摇头，说不好喝。显然，她与酒也没有一见钟情。不过她告诉我，她似乎有一

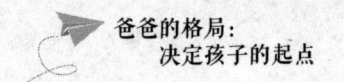

点儿酒量，因为她喝完那瓶酒之后只是脸微微有点儿发烧，但并没有醉。

不久之后，她又告诉我另一件事。宿舍里一个同学过生日，大家为她庆祝便去买酒喝，结果好几个都喝醉了，其中一个同学更是衣衫不整地躺在宿舍的卫生间里，样子非常狼狈。

我赫然一惊，这些不懂事的孩子，幸好是在自己的宿舍里，要是在外面那不是非常危险吗？我问女儿有没有喝，她说："我没喝，不敢喝，我怕喝醉。"

我瞟了瞟她。我虽然相信她的话，可心里还是有那么一点儿质疑：别人都喝了，她为什么就能够独善其身？难道真的仅仅因为胆小怕喝醉？不过，这似乎也无可厚非，几个品行并无不端的女孩子，她们只是在自己的宿舍里用一种欠妥的方式来过生日，而且也没有造成什么不良后果。就算女儿参与了，甚至喝醉了，也无须过分指责她。

中秋节的时候，女儿放假回家，我们去小区门口的餐馆吃饭。我怂恿她："明年你上大学后，恐怕我们就很难有机会在中秋节团聚了，为了纪念这次团聚，今天我们要不要喝一点儿？"

她赞同道："好啊！"

于是，我们一人拧开一瓶啤酒。她虽然才十五岁，但已经有点儿大人的样子了,她把我和妻子的杯子倒满,给自己倒了大半杯。我问她为什么不给自己倒满,她说不喜欢啤酒的味道。

我打趣她:"莫非要来点白的?"

她吐了吐舌头,摇摇头。她说没喝过白酒,但是单那气味就让她感到不爽。我说:"既然不想喝白酒,还是喝啤酒吧。你可以多喝点儿,反正有爸爸妈妈在身边看着呢,你要是愿意的话,可以趁机感受一下喝醉酒是一种什么样的感觉。"

她摇摇头,但还是把自己的酒杯添满了,然后我们举杯,一边吃菜喝酒,一边说些闲话。

我突然想起一部韩剧里的情景:一个白发苍苍的父亲,与一个已近中年的女儿在一个小餐馆里举杯对酌,诉说着人生的悲欢离合……想到我们也将老去,心里不禁有白驹过隙之感。

再看看女儿,她吃菜喝酒都很认真。当我把杯子里的酒喝干的时候,她的杯子也空了。她又给我满上,然后也给自己倒了点儿。看得出来,她的确不喜欢啤酒的味道,但她还是决定继续喝——陪我喝。

从餐馆出来,她的脸变得红扑扑的,显然是酒精起了作用。

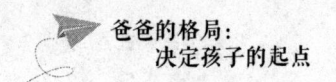

回家还早,我们就在小区里散步。有意无意,我又说起喝酒的事情。

我说:"即使对身体没有伤害,其实我也不赞成女孩子喝酒,尤其像你这么大的女孩子,单是醉酒这种事情就很危险,最容易成为受害者。"

我又说:"也许你长大之后,由于工作环境的原因不喝酒不行,但那时候你已经是成年人,有保护自己的意识和方法了。现在你还是孩子,就算要喝,也只能跟爸爸一起喝,即使喝醉了爸爸也会照顾你。"

她点点头。我想,无须再说,她已经明白我的意思了。

◎ 徒步行走之一:最美的风景

女儿十五岁那年的盛夏,我带她去徒步,目的地是一座叫天星的小镇。

天星小镇距我们居住的县城有40余公里,我们从县城出发,沿着洛泽河边的公路前行。按计划,我们将在一天内完成这次徒步行走。

在出发之前,我们已经说定,除非遭遇极端情况,否则就只能靠双腿去完成这次行走。

在女儿十二岁的时候,我们就已约定好了这次徒步。那时我告诉她,我希望能陪她完成一次远距离的徒步,想不到她竟然爽快地答应了。

我便一直计划着,但直到她十五岁的时候才成行。之前她一天徒步的路程从没超过10公里,这次要走40公里,对她来说显然是一次巨大的挑战。但她并不惧怕挑战,因为有我陪着她,相反,她把它想象成了一次浪漫之旅。

我说:"你要有思想准备,随着路程增加,你会越来越觉得辛苦,但我帮不了你,我唯一能做的就是陪着你走。"

我们在晨曦中出发了。

出县城,道路一侧是静静流淌的洛泽河,另一侧是绵延起伏的高山。旁边的山崖上,偶尔有泉水从绿林深处飞漱而下,流成一绺绺白亮亮的瀑布。

见到此景,女儿兴奋地跑过去,扔掉太阳伞,伸手捧起水洗洗脸,再喝上一口。水雾飘飘洒洒地落下来,她的袖口和衣服很快就被水雾溅湿了。

这仿佛真是一次浪漫之旅,至少,像是一次郊游。瞧,

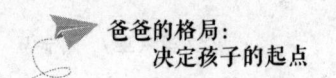

一路的高山流水，花红柳绿，莺歌燕舞，眼里全是美好的风景。公路上车来车往，它们迎着我们开过来，或者从我们背后闪过去，我们扭过头还没来得及看清司机的长相，那些车便纷纷远去了。

女儿童心未泯，偶尔有车迎面而来，她便站在路边朝那些车挥手。女儿挥手的姿势不像拦车，倒像交警指挥交通。我阻止她："你别影响司机开车，太危险了！"

她满不在乎地朝我努努嘴。我说："要是人家停下来怎么办？我们又不坐他们的车。"她调皮地笑笑，说："我就是想测试一下，看有没有人愿意停下来搭我们啊。"

我说："可是你这样做很危险，要是车多造成追尾，你犯的错就不可挽回了。"她说："才不会呢，这路上根本就没什么车。"

女儿一路"测试"着，可是根本没有车为我们停下来，倒是有几个司机似乎瞭了我们一眼，但车速并没有减，只是按了一声喇叭，然后风一样从我们身边一晃而过。

下午五点多的时候，我们来到一个名叫庙林的地方，只有五六公里就到天星镇了。在庙林矿产品检验站的一个朋友处休息了一会儿，那个朋友见我们疲惫不堪，要开车送我们。

我和女儿立马谢绝，因为我们早就说定只步行，不坐车。既然已经做了决定，我们就不能轻易破坏它，否则这趟徒步就失去意义了。

从矿产品检验站出来，我们的双腿变得异常沉重，走路的速度明显比之前慢了许多。一辆辆车朝我们迎面驶来，或者从我们身后钻出来呼啸而过，可是女儿已经对它们视若无睹，更懒得去"测试"了。

正当我们艰难前行的时候，一辆从后面开过来的车忽地停在我们旁边。这是一辆蓝色面包车，车身印着"农村营运"的字样，一看就知道是客运车辆。车窗摇下来，司机瘦瘦的，他侧着身子，扭过头问我们要去哪里。

我指了指前面，说我们要去天星镇。

"上车吧。"他扭过身，伸过手来把车门打开。

我和女儿都摇头。

"我在这路上已经跑了三趟，看见你们一直在走。上来吧，离天星镇还远呢。"他解释说，"我不收你们的钱，我是看你们一直在走，不忍心呢。"

"谢谢你啦，叔叔！"女儿说，"我们不坐车，我们就是特意走路锻炼一下。"

那司机摇摇头，开着车走了。我和女儿继续前行，但我的心情瞬间大好，双腿似乎也轻松了许多。看看女儿，似乎也走得更快了。

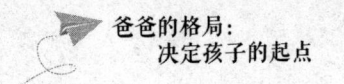

◎ 徒步行走之二：两种疼痛

一天徒步40多公里，对一个十五岁细皮嫩肉的女孩来说的确是残酷了点儿，但我还是带着女儿走完了这段路程。

当黄昏来临的时候，我们看见了夜幕中的天星镇。那是个不起眼的镇子，有一条狭长的街道，有一个火车站横在半山腰。

这时，黑云突然聚集在天空，越压越低，紧接着几声闷雷，下起了雨。

我和女儿忙撑起伞，雨滴打在伞上发出声声闷响。雨滴很大，雨势很紧，雨声很响，但下得不甚密集。

经过一座大桥的时候，忽然起了大风。风横扫过来，把我手中的伞掀翻了过去，我赶紧拽住雨伞又差点吹掉了。女儿的伞也在东奔西突，仿佛被一只大手抓着正往外拽。我疑心一场极大的暴风雨即将来临，便拉着女儿的手，急急往前赶。

到街口时,雨停了。天也完全黑了,街边的路灯亮了起来,发出暖暖的光,仿佛在等待归客。

我松了一口气,坐在路边的一个水泥桩上歇息。一停下来,才发现身体就像破了的皮球,空空的,没了一点儿力气。原来,刚才我们铆足了劲往前赶,把仅存的一点儿力气也耗尽了。

鞋里似乎进了几粒沙子,脚底火烧火燎地疼。脱了鞋,借着街灯看了看脚板,竟是一片通红,隐隐有些水泡。重新穿上鞋,竟不能下脚了。我四处张望,看有没有旅店。

女儿却一直站着,她气嘟嘟地看着我坐下来,脱鞋、穿鞋。

"走啊,我们今晚究竟住哪里?"她的声音里带着哭腔,她的情绪已经坏到了极点。

我试着站起来,艰难地往前走。问了一个路人,才知道还需要再过一座桥,穿过一个居民小区,再往前走才有旅店。

我们按照路人说的路线往前走。我本想挽着女儿,安抚一下她,可她离我远远的,一脸的不情愿。我只好假装不知道她的心情,默默挨近她,一起在陌生的街道上蹒跚而行。

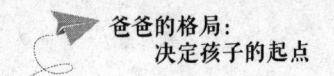

大约又走了一公里,我们终于找到一家旅店。

旅店的外观还行,里面的设施却非常简陋。但是我们已经懒得另寻一家了,匆匆叫老板开了房间。

趴在旅店的床上,我们都像死猪一般动弹不了,试着翻一下身,全身的骨头和肌肉似乎都不是自己的了,身体和灵魂也相互离得远远的。

我想,我不能在女儿面前表现得懦弱,便挣扎着坐起来,脱了鞋。再次看看脚板,一片通红,我用手指头轻轻触摸了一下,蜂蜇一般疼,忙从包里找出云南白药气雾剂喷在上面。

女儿也挣扎着坐起来,她脱了袜子,突然大声尖叫起来:"爸爸,你看!"

我赶忙过去捉起她的脚,一瞧,泪水差点儿夺眶而出。她的两只脚板和脚趾上都密布着水泡,大大小小的。那些水泡白亮亮的,仿佛每一颗都长在我的心上。

她的脚肯定早就磨起了泡,可是她一直跟着我往前走。她为什么不哭?为什么不喊疼?

一个孩子,当她学会隐忍或压抑自己的痛苦时,就说明她已经长大了。

我把脸轻轻挨在她的脚底,低着头,我怕她看见我装满泪水的眼睛。那时候,我想狠狠揍自己一顿,在心里骂自己：你在干什么？你这个虐待狂！

脚起了水泡，必须把里面的水放掉。我跟旅店老板要了一根针，擦了酒精，把女儿脚底上的水泡全部刺破了，然后用药水洗净，再喷上云南白药。

刺水泡的时候，女儿咬着牙一声不吭。可是喷药的时候，药水刺激到伤口，她忍不住大喊大叫。她喊叫一声，我的心就刺痛一下。

喷完药，女儿依旧趴在床上，摸出手机看起了美剧。我想说什么，却说不出来。我只好去卫生间洗了个澡，叫她也洗一下。我说洗了疲劳就消除了，然后我们再出去吃饭。

她极不情愿地起来了，但站在地上又忍不住叫起来。她说身上到处都疼，然后指着自己的腿，夸张地问我："爸爸，这是谁的腿？"

她虽然依旧不高兴，但她的情绪似乎缓和了一点儿。这个十五岁的孩子，她长大了，但她依旧是从前那个孩子。

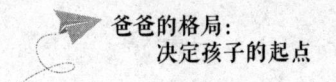

◎ 求职记

高考过后,女儿打算去找一份短工来做。

即将开始新的生活体验了,女儿很兴奋,仿佛全身都是劲。可是我仔细端详她:虽然十六岁了却一张娃娃脸,看上去却像个初中生。她行吗?

我笑她:"如果我是老板,我会担心你看上去还不到十六岁而不敢要你。"

可她早有准备:"去应聘的时候,我会带上高中毕业证和身份证。"

我问她:"你打算找一份什么样的工作?"

她说:"先去找找再说,只要是正当的职业,能做的我都会去做。我不怕吃苦。"

我鼓励她:"那就好。只要你去找了,无论能否找到,都算是走出了第一步。"

她一副自信满满的样子,仿佛有一份好工作正等着她。不过，我还是给她打预防针："你要能够想到求职的艰难，工作也许不是一天两天就能找到的，就算是大学毕业生也会被无数次拒绝。因此，你得有思想准备。"

"我一向运气好。"她说着，然后背上包，朝我挥挥手，消失在我的视线里。她的表情很从容，就像每一次去上学离开家的时候一样。

女儿中午十二点多出门，下午两点多就回来了。她气喘吁吁地爬上楼，一进门就兴奋地告诉我："爸爸，我找到工作了！"

我赫然一惊，怎么一出门就找到工作了？可是看她的表情，不像是说谎，难道她的运气真如她自己说的那么好？我赶忙祝贺她："你行啊！"

她给我讲述起了找工作的经历。

她出门后，一直在街上转，徒步走了大半个县城。她一边走一边东张西望，去留意之前她视而不见的那些招聘小广告：有网吧招聘网管的，宾馆招聘服务员的，餐馆招聘小工的，理发店招聘学徒的……

每看到一条有用的信息，她就打上面的联系电话。她大约打了十多个电话，甚至根据小广告提供的地址上门去咨询，可是绝大多数都招满了；缺人的，听完她的自我介绍也都不愿意要，他们不招收短工。

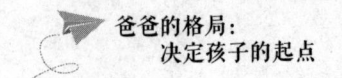

她泄气了,觉得找工作太难,打起了退堂鼓,却又不甘心。她从一家服装店门口经过,见玻璃门上贴着一份招聘导购员的广告,忍不住进店去应聘。可那时店里的生意正忙,店长正在招呼顾客。她等了十多分钟,里面的客人终于少了,她便上去跟店长搭讪。

然而店长告诉她,他们已经不需要人了。那是女儿去的最后一家店,此时天气炎热,她的腿又酸又软,她只好垂头丧气地出了店,打道回府。

经过我们小区旁边的农贸市场时,她猛然看见街边的墙上贴着一张招聘广告。那是一家家具店的广告,上面特别注明招聘暑期学生工,而且一招就是 30 名。她眼睛一亮:这莫非是为我量身定制的工作?

她马上拨打上面的联系电话,对方听了她的介绍,算是同意了,对她说:"你来店里填一份合同,明天早上八点半就可以来上班了。"她兴奋极了,没去填表,而是一路小跑着回到家,把好消息告诉了我。

我忍不住夸她厉害,她故作客气:"过奖,过奖。"不过她又说:"我的运气一向都挺好。"

女儿接着去了那家家具店。果然如电话里所说,填一份表就可以上班了,底薪 500 元,另外根据销售额提成。她嫌底薪少,而且打暑期工的都是学生,她多方打听后得知他们基本不在店里当导购，而是在大街小巷去做广告，因此很难获得提成。

"爸爸，你说我要不要在这家店打工？我有种给他们当义工的感觉。"她打电话问我。

我说："这样随便就得来的一份工作，薪酬当然高不到哪里去。至于你愿不愿意干下去，决定权在你。"

"要不，我再去别的地方找找。"她说。

我笑笑，不置可否。对现在的她来说，求职的过程比工资的高低更重要。

◎ 遭遇骗子的准大学生

我和妻子差不多都没出过远门，我们第一次坐飞机，是送女儿去上海上学。

机票是在网上订的。我们在机场取票时，突然走过来一个 30 岁左右瘦瘦的男子，他说他是机场的工作人员，见我们不会操作就想帮我们弄。

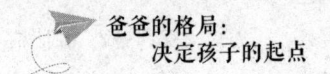

我把身份证给他,他在机器上操作了会儿,取出了两张票,最后一张却出不来。他摇摇头,说一定是我们订票的时候把信息输入错了。

我有点儿着急,心想要是取不到票怎么办?问他,他说要去柜台上操作,然后就叫我们待在原地,他拿着我的身份证,疾步朝柜台那边去了。

不一会儿,那男子回来了,摇摇头说不行,因为信息不合,柜台上不给办。我们的心都提到了嗓子眼儿上,问他有没有别的办法。他说可以给柜台上的工作人员一点儿好处费,一张票300元。见我们有点儿诧异,他补充说:"这是潜规则。"

我正犹豫,妻子却答应了,承诺等他把票取回来就给钱。那男子点点头,急匆匆走了。

虽然是第一次坐飞机,但我还是感觉有点儿不对劲。我对妻子和女儿说:"是骗人的吧,也许去柜台上办理根本就不需要花钱。"妻子说:"我们又不会弄。管他的,反正才300元,要是取不到票,一会儿误机就麻烦了。"

女儿却显得很冷静,她扬了扬手里的手机:"我觉得那个人就是骗子,刚才他过来的时候,我已经悄悄用手机把他拍下来了,不行的话我们就报警。"我问她怎么确定那人就是骗子,她说:"因为我被骗子骗过啊。"

女儿的确遭遇过骗子，而且就在半个月之前，那一次她被骗得够惨。

那时她在昆明，刚结束在服装店的打工生活。那天下午，她有事上街，在西南林大旁边的大街上遇到了一男一女两个年轻人。两人自称在上海读大学，钱包掉了，要吃饭没钱；酒店也预定好了，但现在没现金付给酒店。他们联系了家人，但钱一时半会儿到不了。

见两人那么可怜，又想到自己也马上要去上海读书了，女儿便把身上仅有的400元给了他们。两人感激涕零，说钱还不够，然后又叽里呱啦说了一大堆理由。女儿蒙了，但身上没有现金，便又去取款机上取了600元给他们。

去取钱的时候，她已经意识到这很可能是一场骗局，但她胆小，心里慌乱，便糊里糊涂把钱给了两人。待他们离开后，女儿才确定自己受了骗，她就跑去附近的派出所报案，一边陈述案情，一边哭泣。

警察听后却默默无语，也许在警察看来，那两个骗子的诈骗手段如此低级，没想到女儿居然会上当。警察告诉女儿，骗子早就跑了，现在要抓到他们是不大可能了。

女儿打电话向我哭诉被骗的经历。听完之后，我心里一阵刺痛，钱虽然不多，但那毕竟是她挣的第一笔钱。可我也忍不住笑，笑她的幼稚，笑她轻信别人，笑她遇事慌

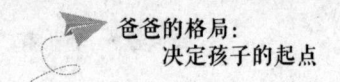

乱，笑她泛滥的同情心。

后来我说，换个角度看，这也算是一件好事，以后你再遇到骗子，说不定就知道该怎么做了。话虽这么说，但我还是有点儿担心，女儿太小，太善良太单纯，谁知道以后会怎么样呢。

没想到这一次，女儿竟表现出了出乎寻常的冷静和机智。

我们焦急地望着那男子消失的方向。登机的时间越来越近了，他要真是个骗子把身份证拿走了，我们今天就倒霉了。我把我的担心说了出来，女儿说："不会，他要的不是身份证，是钱，他一定会回来叫我们给钱的。"

女儿预料得没错，那男子果然回来了，手里举着身份证和机票，满脸大汗的样子。他把身份证和机票交给妻子，叫妻子给他钱。妻子想着反正已经取到机票了，要是不给他钱，彼此纠缠起来也很麻烦。

妻子正打算掏钱，但此时我已经确定那男子就是骗子。我四处张望看到远处有一名机场保安，便说："等会儿，既然你是机场的工作人员，我去问问机场的人，看是不是真要收费。"

那男子显得很急躁："我们说好的嘛，你看我这忙得满头大汗的。"

这时我瞥见女儿站在不远处,一直用手机对着那男子。她拍照的动作显得很夸张,似乎是故意让那男子看见。那男子果然发现她在拍照,口中嘀嘀咕咕,突然转过身,一溜烟钻进了来往的人群中。

在飞机上,我对女儿的表现大加赞赏。

我说:"你为什么会这么冷静?怎么识得出那个骗子的伎俩?"她得意地笑笑:"因为有你们在啊。有你们在,我的智商就正常了。"

◎ 上海这座城市

也许是长期深居简出的缘故,我有点儿惧怕大城市——高楼大厦、车流人流,这是我对大城市的总体印象。即使偶尔一次走进昆明,面对城市的一切,我也会感到迷茫,陌生,无所适从。

上海是中国最繁华的城市之一,但我从未有过去逛一逛的欲望。我曾经以为,我一辈子都不会去上海,更不要

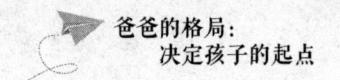

说牵挂它。可是因为女儿，我竟与上海结了缘，而且我还去了一趟。

自从确认女儿要去上海读大学之后，我便开始主动去了解这座城市，比如哪个区在哪儿、有哪几条地铁线、火车站和飞机场在什么地方，以及学校的位置……然后，便是送她上学。

在电视、电影里，我已经见过了上海，它自然是金碧辉煌的，是美轮美奂的，是五光十色的。而当飞机即将落地的时候，上海以一种之前我未见过的独特姿势呈现在我眼前——视线里，除了密密麻麻的房顶，就是纵横交错的道路。

后来我明白，换个角度去看一座城市，它呈现在你面前的便是另一种姿势。就像看一个人，换一种眼光，眼睛里出现的便是他的另一面。

站在上海这座城市的高楼下，那种陌生感又来了。只不过，这种陌生感之中却藏着一些不言而喻的亲切，我想，这是因为女儿的缘故。

在机场接我们的是一个老乡，他带我们找住处、吃东西、去学校，非常热情。他在上海打拼十余年，有了不错的工作，结了婚，生了孩子，买了房子。

虽然他在上海扎了根，却依旧保持着云南人的淳朴。

只不过，他的客气与热情，让我感觉自己与这座城市有着某种无法言说的差距。

到上海后，我们一家三口跟着手机导航，去徐家汇，去外滩，去东方明珠塔，去坐磁悬浮列车，去寻找电视里出现过的那些风景。

那些风景美吗？我不知道。我站在炫目的高楼之下，以一个异乡人的姿态审视着这座陌生的城市，并被动地接受它、欣赏它。

几天之后，我和妻子离开了上海。但我只是身体离开了上海，心还一直留在那里。

每当身边有人提起上海，我便会自然而然地想起女儿，想起那所并不大却风格独特的大学。我也会加入他们的话题，跟他们一起谈论那座城市的国际化和高房价，以及发生在那座城市的故事。

虽然我对上海的了解很肤浅，可是在他们面前，我侃侃而谈，如数家珍，仿佛上海并没有我不知道的事情，仿佛我就是上海的一分子。

是的，我虽然不在上海，可是上海这个地名已经融进了我的血液。我留心着与这座城市有关的新闻，我把女儿就读学校的官网和贴吧地址放在了浏览器的收藏夹里，我还关注了那所学校及女儿就读院系的微信公众号。

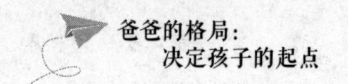

我常常虔诚地阅读它们，仿佛那是我与女儿之间的对话。要是在某篇推送文章里的图片上看见女儿的影子，哪怕只是一个模糊的背影，我都会激动不已。

偶尔，看一部老电影，读一本老书，听一首老歌，内容或背景涉及上海，我便忍不住浮想联翩，脑子里闪过女儿的样子。

我留心着发生在上海这座城市的新闻，仿佛它们都跟我的女儿有着某种千丝万缕的联系。

最后还有天气预报。女儿在昭通市一中读书的时候，我手机上显示天气预报的地点是我所在的县城和昭通。如今，她离开昭通去了上海，我便很自然地添加了上海的天气。

每天早上起床，打开手机，我首先会看看上海的气温，研究那些显示温度的数字跟衣服厚薄的关系。而之前我从未想过，我竟会如此狂热地关注上海这座城市的冷暖。

因为一个人，爱上一座城。也许，一个当父亲的人，更能体会这句话的深意。

◎ 她发的微信信息伤害了我

送女儿去上海上大学时,我们顺便去陆家嘴的正大广场逛了逛。

逛了会儿,女儿不想逛了。她情绪低落,精神不振,动作缓慢,寡言少语,还嘟着嘴,仿佛全世界都得罪了她。

突然,她的眼睛一亮,全身仿佛打了鸡血一般,她举着手机拍起照来。

她非常讨厌我用手机四处乱拍,以致刚才我请她给我和东方明珠塔合影的时候,她极不情愿地拿着手机胡乱拍了一下。我一看,只有半截东方明珠塔,而我,半个头也没见到。

可是现在,她怎么竟然有兴趣拍照了?

我顺着拍照镜头的方向看过去,原来她拍的是一幅广告图。那是一家化妆品店,店门口是一张明星代言的广告图,图中的明星是韩国演员李敏镐。

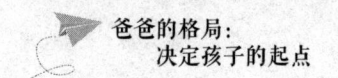

不一会儿,她在微信朋友圈发了一条微信,并配了李敏镐的图:

"第一条朋友圈献给你,nice to meet u."

的确,那是她发在微信朋友圈的第一条信息。

我表示很受伤。

因为女儿,我知道李敏镐这个韩国明星已经不是一天两天了,他在女儿的眼里、嘴里和心里。

女儿有个抱枕,李敏镐的头像占了整整一面。后来天冷了,我给她寄行李,她特意吩咐我:"把有李敏镐头像的那个抱枕给我寄到学校来。"她的房间里有好几本李敏镐的写真集,她的手机里有无数张李敏镐的照片,但没有一张我的照片。

上高二时,她之所以成绩下降很快,据班主任老师说是因为她自学韩语荒废了正业,而她之所以自学韩语,是因为梦想着有一天能给李敏镐当翻译或经纪人;高考后,她之所以选择报考外国语大学,同样是因为李敏镐。

我问她:"给李敏镐当翻译或经纪人,你行吗?"

她反问我:"为什么不行?"

我说:"先不说韩国就有那么多懂中文的,他们中间多少人有机会能给李敏镐当翻译,我们只说中国,韩语学得好的人成千上万,但能给李敏镐当翻译的人却寥寥无几，你觉得你有多大的机会？"

她不说话了。她明白自己的机会并不大，却又不愿承认现实。

我赌气说："嫁给李敏镐，你愿意吗？"

她兴奋得跳了起来："当然愿意！"

我气得差点吐血。因为我问她这句话的时候，她才十五岁。

过后，我注意了一下李敏镐，并不觉得他有什么过人之处，但是女儿为什么会喜欢这样的明星？

于是，我故意开始极力贬损他。

我对女儿说："李敏镐就是绣花枕头一个。"

她说："他才不是！"

我说："李敏镐连普通话都不会说。"

她说："哼！"

我说："近期网上有李敏镐的绯闻呢。"

她说："早看见了。"

我问："什么感受？"

她说："有一点儿不舒服，但我还是喜欢他。"

我说："经鉴定，你是李敏镐的脑残粉。"

她勃然大怒，竖起眉毛要跟我翻脸。

其实，她比我更知道李敏镐是怎么回事。有一天我们

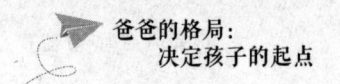

讨论韩流,她知道韩流是韩国的一种文化输出模式,而且她知道那些文化公司是怎么运作的,比如如何选俊男靓女,如何严格训练,如何进行商业推广。

我说:"你既然知道是这么回事,为什么还那么喜欢李敏镐?"

她说:"可李敏镐不是那样的。"其实,她知道李敏镐也是那样的,她只是不想在我面前承认。

我跟她已经无话可说了,只好说:"李敏镐,你烦不烦?难道你不知道你已经严重影响到我们父女之间的关系了吗?"

有一次,我跟一位朋友谈起女儿追星的事。那朋友说,他的一个朋友是专做明星商演的,要是李敏镐到上海演出,他说不定可以安排我女儿跟李敏镐见个面,并且给签个名、合个影什么的。

虽然我觉得那位朋友或许是在吹牛,但又希望他说的是真的。

◎ 她没有回头望

九月的上海，天气异常闷热，仿佛随时能下一场雨。

松江大学城的学生公寓门口，熙来攘往。从穿着、神情上看，有很多是新生和家长。我和妻子背着双肩包从学生公寓里面走出来，女儿夹在我们中间，她挽着我们的手，送我们去公寓门口坐公交车。

从前，都是我们送她；这一次，竟轮到她送我们了。

我想起她读高中时，我们送她去车站的情景了。我和妻子给她买好票，找好座位，放好行李，陪她在车上坐到车要开了才依依不舍地下车。我们站在车窗边，看车慢慢开出车站，看她的脸在车窗玻璃的另一面渐渐模糊。

县城的车站逼仄拥挤，每个空隙里都塞满了车。我和妻子尾随着女儿乘坐的那辆车，从一个角落转到另一个角落，目光始终盯着车窗边女儿坐的那个位置。

车摇摇晃晃地出站了，我们也跟着出了站。车窗玻璃

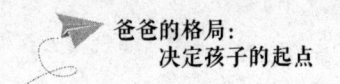

的另一面坐着我们的女儿,她朝我们挥手,扭头注视着我们,直到我们彼此都看不见。

那时,我的心里便满是酸楚。妻子更是不行,几乎每次去车站送女儿,当车消失在拐角处,她的眼泪总会不争气地流下来。

我曾经问过女儿:"在车站分别的时候,你为什么不哭?"

她说:"矫情!"

我说:"我就喜欢我女儿矫情的样子。"

她反问我:"你怎么知道我没哭?我才不会让你们看见我哭!"

原来,她也会哭,只是她不愿意让我们瞧见。

一次又一次的送别,一次又一次相似的场景。只不过,她越来越长大并成熟了,而我们,对她独自出门的事情不再像当初一样牵肠挂肚。因为,在不知不觉间,她已经学会了照顾自己。

然后,她就高中毕业,马上要去上海读大学了。

送不送她去,我很纠结了一番。她的意思,大概是要我们送的,她或许想让我和妻子借机出一趟远门,见见大城市是什么样子,可她又不能忍受我们在她面前笨手笨脚的样子。

那时她正在昆明打暑期工,我正犹豫着要不要送她,她打来电话明确说要我们送她。我想,那就送吧,她才十六岁,让她一个人去终究不放心。

然而,当我和妻子真正去了,才发觉我们纯属多余。

虽然女儿也跟我们一样没去过上海,然而她做什么都是轻车熟路的样子,仿佛她早已是上海这座城市的主人。比如,去学校报名注册,她特意交代我们别跟着进去,所有的手续她会一个人办好。

我们自然听她的话,一来是想让她自己锻炼一下,二来通知书上说得很明白,叫家长别掺和。要是我们跟去了,她的脸上肯定挂不住。

诸事办妥之后,她陪我们去市中心玩了一天。

离开上海那天,她原本打算到机场送我们,但学校临时通知有事,她只好让我们自己走。好在我们也没想过要她送,毕竟送走我们后,让她一个人从机场回学校,我们也不放心。

那天下午,我们从女儿的宿舍出来,去学生公寓门口等公交车。出大门的时候,一个女生在路边抹眼泪,旁边站着几个人,似乎是送她来上学的亲人。

我看见那女孩哭得很伤心,扭头瞅瞅女儿,她似乎并未看见。

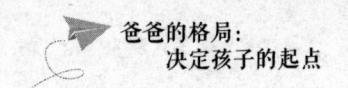

我们在站牌下等了一会儿,公交车就过来了。上车的人有点儿多,我和妻子挤上去刚坐定,车就徐徐开了起来。

我把头伸出车窗,扭头看向站台,找寻着女儿。从此之后,她将一个人在这座陌生的城市生活了。想到这里,我有点儿不舍,心里涌起微微的酸楚。

我的目光四处搜寻着,但只看见女儿的背影。我看见她背着书包,迈着步子进了公寓的大门,就像从前上小学、上初中背着书包去学校时那样雀跃,那样步履轻松。

这个没心没肺的家伙!

我和妻子摇摇头,相视而笑。我们以为女儿会站在站牌下,泪眼婆娑地朝我们挥手,或者像刚才我们在公寓门口见到的那个女生一样依依不舍,大哭一场;再或者,就算不哭,她也会一边走,一边回头朝我们张望。

可是她大步往前走了,并没有回头望。